馬渕 磨理子の
金融・経済ノート

著者　　経済アナリスト　/　馬渕磨理子

東急エージェンシー

はじめに

2020年度から小学校での金融教育がスタートしました。2021年には中学校、2022年には高校でも金融教育が始められています。これまで日本ではお金に関しての教育を積極的には行ってきませんでした。それはもしかしたらお金の話をすることがどこか下世話な感じで受け取られていたからかもしれません。

しかし生きていくうえでお金は絶対に必要なものです。人生に必要なものであるにもかかわらず、これまでそういう話があまりにも軽視されていたのではないかと思わずにはいられません。

それが近年やっと見直されたことは喜ばしいと思います。しかし現在学生の人たちは金融教育を受けられるのに対して、それ以前に学生であった社会人は受けていません。特に若い世代にとって、仕事をするうえで金融や経済のことを理解していることはとても大切なことなのに、必要な知識を持たないまま働く状況になっているのです。

私はこういう状況の人たちに、ご自身の将来のためにもぜひ基本的な金融知識を身につけてほしいと思い、本書を執筆することとしました。金融や経済の基本がわかると、いろいろなことが一気に理解できます。一見経済的なことと繋がりがないように思えるニュースも、実は関係があることがわかります。

投資が一般的になりましたので、ぜひ知っておいて欲しいことがあります。株式市場は「上昇」だけでなく、常に「下落」があって「いま」があるということです。世界大恐慌ではNYダウ（アメリカを代表とする株価指数）は80％下落、リーマンショックでは50％下落です。しかしその後、経済対策や金融緩和などの「政策」によって株価は一段と上値を更新して

きました。こうして株価が持ち直し、立ち上がってきた背景には、経済学の影響が色濃くあります。景気が悪くなれば、景気対策をする。金利を下げたり、お金の量を増やして経済を回す。過去の歴史の失敗を踏まえて、現代を生きる「最良の政策」を紡ぎ出しています。常に、○○ショックは起きうる。しかし、○○ショックの下げ幅もできるだけ「小さく」、下げた後の復活までの期間も「短く」なっています。歴史から学んで「いま」があります。経済政策や金融政策について、どんな考え方を持つ人が政治を握るのか、私たちの生活に直結します。

　若い人たちの投票率が落ちている現象は、ここ最近ずっと報道されています。どうしてそうなってしまったのかと言うと、自分の生活と直結していると思えないからではないでしょうか。「誰が当選してもいっしょ」「どの政党も大して変わらない」という考えになっているのかもしれません。

　しかし金融のことがわかると、各候補者の主張や政党が打ち出している政策などにどのような意味があるのかがわかります。金融を勉強したら決して政治に無関心ではいられません。なぜなら自分たちの収入、支出などお金にかかわる部分に大きな影響を与えるからです。

　この本を手にしたみなさんには、ぜひ金融のことを学んで自分たちの資産を守る意味を知ってもらい、徐々に良くなっている日本経済に関心を持ってほしい。そう切に願います。

2024 年 9 月

馬渕 磨理子

※本書で挙げている統計数値等は、特に断り書きのない場合2024年夏時点のものです。

目次

はじめに ……………………………………………………………………… 2

第1章

まずは知っておきたい経済の基礎用語

01 そもそもお金とは？

モノから紙幣へ、そしてデジタルへ ……………………… 12

紙幣の根底にあるのは信用 …………………………………… 13

アメリカドルが強い理由 ……………………………………… 14

02 お金はどうやったら増えるの？

なぜお金を無制限に発行しないのか？ ………………… 17

国債は国の借金？ ……………………………………………… 19

03 インフレ、デフレ、どちらがいいの？

ゆるやかなインフレが望ましい ………………………… 22

デフレの特徴・「貨幣愛」 …………………………………… 24

インフレの特徴 ………………………………………………… 27

04 円安、円高？ どうやって決まるの？ 高いほうがいいの？

円安と円高のメリット、デメリット …………………… 30

適度な円安とはいくらくらいか？ ……………………… 32

円相場、アメリカとの関係 ……………………………… 33

工場が日本にどんどん誘致されている ………………… 34

相場の始まりは金とドル ………………………………… 35

日米の金利差 ……………………………………………… 37

05 利子と金利について

利子、利息、金利とは？ ………………………………… 39

マイナス金利解除による生活への影響 ………………… 40

06 GDP、GNP はどう見ればいいの？

GNP と GDP の違い ……………………………………… 42

GDP の半分以上は個人消費 ……………………………… 43

名目 GDP と実質 GDP …………………………………… 44

07 貿易黒字、貿易赤字。やはり赤字は悪いことですよね？

経常収支がプラスならば、貿易赤字でも心配なし

………………………………………………………………… 47

経済がわかれば、新たな視点が生まれる ……………… 49

08 中央銀行と民間銀行の違い

そもそも役割が違う ……………………………………… 51

マイナス金利解除、追加利上げによる株式市場への影響

………………………………………………………………… 53

中小企業への助け舟 ……………………………………… 54

第2章

市場経済について

01 景気の良し悪しはどうやって判断するの？

4つの指標から景気を判断 …………………………………… 58

CI の一致指数で景気を判断 …………………………………… 60

鉱工業指数の「在庫」から見える景気 ……………………… 61

02 好景気・不景気——政府は何をするのか？

不景気と好景気で逆のことをやる …………………………… 65

金融対策はアメリカを参考にする …………………………… 66

03 これまでの金融危機、起こるかもしれない金融危機

ニクソンショックとオイルショック ………………………… 68

複数の要因があったブラックマンデー ……………………… 69

ブラックマンデーが生み出したもの ………………………… 70

90 年代の危機 …………………………………………………… 71

IT バブル崩壊とリーマンショック…………………………… 72

これから起こりえる金融危機 ………………………………… 74

04 モノの値段はどうやって決まる？

値上げもやむなしの昨今 ……………………………………… 76

原価率から値段を決める ……………………………………… 78

05 関税はなぜ必要なの？

いちばん大切なのは自国の産業を守ること ………………… 80

06 春闘で賃金Upが決定！ 喜んでいいよね？

　　タイムラグをどう耐えるのかが問題 ……………………………… 82

07 物価が上がるのに賃金が上がらないのってなんで？

　　これまでの企業はプールしておきたがっていた ……………… 84

第3章

税金について知る

01 税金はなぜ納めないといけない？ どう使われている？

　　税金の使い道と増税 ………………………………………………… 88

　　税金の無駄遣いと言えば ………………………………………… 90

02 国税と地方税の違いは？

　　税の種類 ……………………………………………………………… 92

　　早めの相続対策が必要 …………………………………………… 94

03 サラリーマンは確定申告不要なの？

　　確定申告で節税 …………………………………………………… 96

04 絶対やるべき節税

　　住宅ローン減税とふるさと納税 ……………………………… 98

　　投資も控除の対象になる ………………………………………… 100

　　ベンチャー企業への投資にも優遇税制 ……………………… 101

第4章

金融知識の基礎

01 株の基本

株式会社とは？ ……………………………………………… 104

株で儲けよう！ は危険な考え方 ………………………… 105

証券会社の役割 …………………………………………… 107

どんな企業に投資すればいい？ ………………………… 108

バフェット流エコノミック・モート ………………… 109

株の売り買いはPER＝期待値で判断 ………………… 111

バブル期のPER＝期待値は70倍！ ………………… 113

02 投資と融資の違い

投資された資金は返さなくてもいい ………………… 114

03 投機とは？

短期で「濡れ手に粟」を狙う ………………………… 117

危機と株価 ……………………………………………… 118

複利思考で人生を豊かに ……………………………… 119

04 債権、債務とは？

債券は債権に含まれる ………………………………… 120

債券のリスク …………………………………………… 121

05 購買力平価と金利平価

為替相場を考える際の理論 …………………………… 123

不完全だけど必要なもの ……………………………… 124

第**5**章

実践編

01 資産を増やすにはどうしたらいいの？

「投資信託」「ETF」「REIT」「個別株投資」を中心に考える …128

企業年金と個人年金 ……………………………………………129

新NISAも活用しよう ……………………………………………132

02 どんなニュースに気をつけていればいいの？

政治抜きに経済や金融は考えられない …………………………134

トランプ政策の"ちぐはぐさ"翻弄続く可能性………………134

政権与党の動きを見てみよう …………………………………136

03 老後2,000万円が必要と聞いたのだけど

定額か定率かで取り崩しを決める ……………………………138

04 いくらくらい投資に使ったらいい？

若く始めるほど無理なく運用できる …………………………141

05 貯金はすべきか？

現金はある程度保有すべき ……………………………………143

ローンはもうひとつの財布 ……………………………………144

住宅ローンの金利 ………………………………………………145

06 馬渕がチェックしている項目

多角的に、フラットな目線で情報に接する ……………………148

おわりに……………………………………………………………150

第1章

まずは知っておきたい
経済の基礎用語

01 そもそもお金とは?

モノから紙幣へ、そしてデジタルへ

　もともとお金というものが存在していなかったころは、物々交換があたりまえでした。たとえば米と魚を交換するといったことです。しかしこれには問題もありました。

　まず**誰もが納得できる基準がない**ということ。たとえば、米10kgと魚何匹が同じ価値になるのかは判断が難しいですし、仮に米10kgと魚20匹で交換すると決めたとしても、「米が不作だったり魚が不漁だったりした場合でも同じ交換基準でいいのか？」という疑問が出てきます。

　次に、**欲しいものが必ずしも入手できるわけではない**ということ。米10kgを用意できたとしても、魚を持っている人が「米ではなく野菜と交換したい」と言うかもしれません。

　もうひとつの問題点は**運搬に関してです**。米10kgにしても魚20匹にしても運ぶのは大変です。しかし現物同士で交換するわけですから、重たいものを苦労して運ばないといけません。

　そうした不便さもあって、もっと簡単に交換できるものはないかということでお金が生まれてきます。昔は米による納税だったことからもわかるように、米がお金の代わりに使われていました。そこから布になり、金や銀などが使われるようになりました。

　金や銀というのは現代でも価値あるものとして通用していますが、当時も「金や銀には価値がある」という共通認識がありました。その「価値がある」という信頼、そして「金を使えば物と交換できる」という共通認識

があったので、金や銀がお金として通用したのです。これは金自体に希少
価値があるので、裏付けがあるものとして通用しました。

　しかし、これも量が増えてくると持ち運ぶのが不便です。また希少価値
があるものを持ち歩くことに危険も伴います。それで金を預けて、預かり
証の紙をもらう。当初はただの預かり証だったのですが、やがてこの**預か
り証同士で交換されるようになりました。これが紙幣の始まり**です。

　これは、その預かり証が金貨 10 枚と交換できるという信用、もっと言
えば交換してくれる機関に対する信用があるから成立することです。この
金や銀と交換することのできる紙幣を兌換紙幣といい、一方、金や銀との
交換が約束されていない紙幣は不換紙幣といいます。現在、ほとんどの先
進国では不換紙幣ですが、これは政府の信用によるものから信用紙幣とも
呼ばれます。不換紙幣のメリットは、通貨の流通量をコントロールできる
ことです。

紙幣の根底にあるのは信用

　金融においては、この信頼や信用というのが非常に大切な要素です。

　2023 年にアメリカのシリコンバレー銀行が破綻しましたが、これは銀
行に対する信用が低下して預金者たちが取り付け騒ぎを起こしたことが発
端となっています。取り付け騒ぎとは、預金者が自分たちの預金を引き出
そうと銀行に殺到することです。簡単に言えば「あの銀行は潰れるかもし
れない。潰れる前に自分の預金を手元に戻しておこう」とすることです。

　これの厄介なところは、実際に銀行が経営危機になっていなくても「危
ないらしい」という噂や確実ではない情報によっても起こることです。日
本でも 2003 年にある地方銀行が潰れるらしい、というチェーンメールが
出回り、約 500 億円の預金が引き出される騒ぎがありました。実際には

根も葉もない噂だったのですが、それでもこうした取り付け騒ぎが起こるのです。

　紙幣の根底にあるのはまさに信用。そして昔は紙幣の裏付けが金だったのです。それ以前の米は食べることができますし、布も服やバッグ、小物などを作れます。そのもの自体が何かに利用できる。しかし紙幣は極端な言い方をすればたんなる紙でしかありません。物資としての利用価値がないにもかかわらず、**お金としての価値があると認識されるのは政府や金融機関に信用があるから**です。国債も同様に国に対する信用があるから価値が出ます。

アメリカドルが強い理由

　世界各国にそれぞれの通貨があります。私たちが住む日本は円、アメリカはドル、中国は人民元、ヨーロッパではユーロ（ユーロ圏に含まれる国々だけですが）など、さまざまな通貨があるなかで、世界の中心となっているのが米ドルです。

　ニュースで「本日の為替相場、終値は1ドル156円36銭」といった情報が流れますが、「本日の為替相場、終値は1人民元22円5銭」という情報は出ません。それほど金融や経済に詳しくない人でも「ドルが世界に流通する通貨の基本になっているのだな」というイメージはあるでしょう。

　それは、アメリカが軍事力も含め大きな力を持っているという側面も大きいですが、たとえるならば「アメリカが銀行で、その他の国が企業」だと考えるとわかりやすいかもしれません。まず貿易では、ドルが中心に使われている。これがドルに対する信用が生まれる根拠のひとつ。**貿易によってドルを稼ぐことが各国の生命線**になっています。ロシアや中国といった、

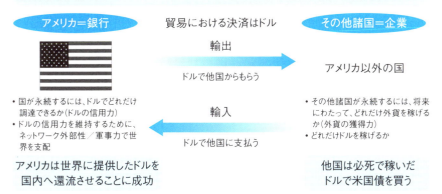

アメリカとあまり友好的な関係ではない国々でも変わりません。

それは、現在、米ドルが国際通貨の中で中心的な地位を占める基軸通貨になっているからです（図1-1「ドル基軸通貨の世界の構造」）。

こうして得たドルで、アメリカ国債を買っています。中国もアメリカ国債を大量に購入しています。つまりアメリカには、**貿易によって自国からドルが出ていく。出ていったドルは国債が買われることによって戻ってくる**——こういった**循環システムができあがっている**のです。これがあるかぎり、金融でアメリカを超える国は出てきません。そして戻ってきたドルが軍事費などに使われて、さらにアメリカが強くなっていくというわけです。

では、なかには「どうしてわざわざアメリカ国債を買いたがるのか」と不思議に思う人がいるかもしれません。この理由は、「金利が高いから」、これに尽きます。いまなら金利が5％以上という高水準です。しかも国債は投資したものに対して利払いがされるだけでなく、元本も返ってきます。

そのなかで最も信頼度が高く、金利が高いのはアメリカ国債。買う人、国が多いのも当然です。

　アメリカ政府に対する信用、ドルに対する信用が高いので、「アメリカは破綻しないだろう」と誰もが考えていることによって、お金がアメリカに集まる仕組みができているのです。また、ドルが還流する仕組みがあることで、国が潤うだけでなく、Google、Apple、Meta Platforms（旧 Facebook）、Amazon、Microsoft の GAFAM と呼ばれる主要 5 社に TESLA と NVIDIA を加えたマグニフィセント・セブン（Magnificent Seven）のような圧倒的競争力、開発力を持った企業も生まれています。

　日本の場合、のちほど詳しく触れますが、企業が海外で得た利益や資産が日本国内に戻ってきていません。そのため企業の業績は悪くないのに、日本経済にそれが反映されて来ないという側面があります。それに対してアメリカは国内に戻ってきています。ですから**貿易収支や経常収支は赤字なのに、お金自体は国内に集まる。それが国や企業を強くする原動力となっている**のです。

　もちろん他国も指をくわえて現状を見ているわけではありません。特に中国はアメリカ国債を大量に買っておきながらも、人民元をデジタル化してアフリカで使わせようとしています。またロシアもそうですが、ドル決済ではない仕組みを使い始めています。中国、ロシアとアメリカというと、台湾有事であるとかウクライナ侵攻といった軍事面でのことに目が行きがちですが、経済面でも戦いを繰り広げているのです。

02 お金はどうやったら増えるの?

なぜお金を無制限に発行しないのか?

　国（紙幣は日本銀行、貨幣は政府）がお金を発行していることはみなさんご存知だと思います。先ほど日本は国内にお金が戻ってきていないと書きましたが、「だとしたら政府や日銀が円をバンバン発行すればいいじゃないか」と考えた人もいるかもしれません。ですが、ただ単純にお金をたくさん刷ればいいという話にはなりません。なぜなら**お金が増えると、その価値は落ちる**からです。

　これはお金以外の、モノの需要と供給のバランスで考えるとわかりやすいでしょう。2024年3月に「今年はニシンが豊漁」という報道がありました。このときニシンの卸値は前年同期比で3割下回りました。逆に不漁の場合、価格が跳ね上がります。2023年3月に「かつて水揚げ1位だった銚子港で1950年以降初めてサンマの漁獲高がゼロになった」と報道されました。このときはサンマの卸値が約9倍になりました。

　このように**多ければ安くなり、少なければ高くなるのはお金も同じこと**です。国力や負債、資金などが記されたバランスシート（次ページ図1-2「日本政府のバランスシート」）を見ながら、「ここまでならお金を発行しても大丈夫」という見極めが必要になります。それは、これだけ発行してもインフレにはならない（お金の価値が下がらない）というところ。そうでないとお金の価値や信頼が崩壊することになります。

　このことを考えずに発行して大きな問題になったのがジンバブエです。ジンバブエは2008年の大統領選挙を巡る混乱の中、極端なお金の発行に

第1章 まずは知っておきたい経済の基礎用語

17

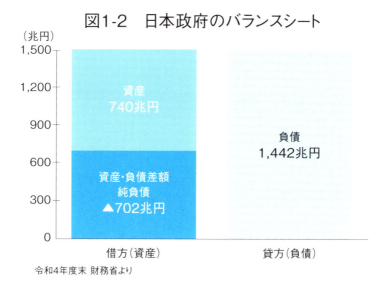

図1-2 日本政府のバランスシート

令和4年度末 財務省より

よって「ハイパーインフレ」と呼ばれる状態になりました。「お金がなければ発行すればいい」を実行していたのです。

　加えて、ジンバブエの場合は、単にお金をたくさん発行するだけではありませんでした。2000年に行われた農地の強制収用、2007年9月に議会を通過した「外資系企業の株式強制譲渡法案」、2007年6月に出された価格統制令がハイパーインフレを決定的にしました。それぞれ説明しましょう。

　農地の強制収用は、黒人を優遇するために、黒人たちが白人の地主から農地を「奪う」ことを合法化しました。白人の地主たちの中には国外に逃げてしまった者もいます。黒人は土地だけ取り返したものの、農業のノウハウについては持ち合わせていません。それ以来ジンバブエの農業生産性は大きく低下し、食料が不足するようになったのです。

　ジンバブエに進出している外国企業の株式のうち、過半数をジンバブエの黒人に強制的に譲渡しなくてはならないという内容の「外資系企業の株式強制譲渡法案」が通過しました。外資系企業は一斉にジンバブエから撤

退することになります。これでジンバブエの物資不足はさらに深刻化します。

価格統制令は、インフレ対策として、政府が「ほぼすべての製品・サービスの価格を強制的に半額にする」というものです。これは経済の基本を完全に無視しています。無理に半額で販売すると、企業は赤字になり倒産してしまいます。

お金をたくさん発行した以外に、経済がわかっていない政権は、恐ろしい事態を引き起こしてしまうのです。

こうした結果、100兆ジンバブエドルという信じがたい通貨が発行されました。その当時、年率220万％というすさまじいインフレが起こっていたため、このような単位の通貨になってしまったのです。現在はジンバブエドル自体が廃止されていますが、まだ経済が復興したとは言えない状況が続いています。

実は日本でも同じようなことが起きています。第二次世界大戦時、GDPのおよそ9倍の額を戦争に使いました。そのためどんどんお金を発行して、70倍くらいのインフレになってしまったことがあります。当時の状況は国債の発行量だけの問題ではなく、戦時から平時に移行したことで、混乱から生じた供給不足の要素もあります。現代日本においては、無計画にお金を発行することはないのです。

国債は国の借金？

バランスシートを見てとは書きましたが、ピンとこない人もいるかもしれません。お金を発行するにあたってポイントとなるのは、負債の額と資産の額です。個人を例に取ってみます。

あなたに1,000万円の負債（借金）があったとします。手元には自動

車と高級時計があり、それらを売れば800万円になります。そうなると実際の負債は200万円だと捉えることができます。あとはその200万円を返済不可能にならないようにしていく。そこで「追加でここまでなら新たに借りられる」という額があります。「借金の残額が200万円。月々の給与がこれくらいで、ボーナスが最低でもこれくらいは貰えるので、新しい冷蔵庫をローンで買えるな」とか、「このくらいなら借りても大丈夫だな」という判断ができます。

　この「これくらいなら借りても大丈夫だな」が国でいうと国債です。では、現在の日本では、どこまでなら国債を発行しても問題がないのかという点は、専門家の間でも意見が分かれるところです。

　実際には、日本では国の破綻は極めて起こりづらいと言えます。なぜならば**日本は自国通貨建てで国債を発行**しているからです。これにより債務不履行（債務に関しては120ページを参照）に陥ることはまず考えられません。償還（国債が満期を迎えて返金されること）の際にも、その資金を増税でまかなうのではなく新たに国債を発行して得たお金を充てることになるので、下の世代に負担を強いることもありません。

　こう書くと「でもニュースでよく日本は借金大国だと聞く。そのうち破綻するのではないか。破綻したら国債は紙くずになってしまう」と考える人がいるかもしれません。しかし先ほど個人の借金を例に取って書いたように、**日本の負債と資産を見た場合それほど負債が大きいわけではありません**。もちろん両者のバランスが崩れてしまった場合は、極端なインフレが起きたり円の価値が落ちてしまったりする危険性は含んでいます。

　しかし、もうひとつの安心材料は、**日本国債の多くが国内で循環**しているということです。たとえば外国の投資家が多く購入している場合、急に彼らが売りつけることで価値が大きく変動する可能性があります。多くが日本国内での循環ならこの心配がないので、日本国債は安定していると言えます。

逆に言えば、日本国債は海外投資家からすればあまり魅力的に映っていない事実も否定できません。なぜなら金利がそれほど高くつかないからです。安定しているということはあまり大きな金利の上昇が見込めないことでもあるので、このあたりは一長一短。ただ、2024年春にマイナス金利が解除され、トレンドが少しずつ変わってきています。それは日本社会が徐々にではありますが、インフレの方向に動いているからです。

金利を上げる、下げるということも紙幣発行と同じくバランスを見ながら実行しないといけません。「金利が高いほうが銀行に預けたときに有利だから上げればいいのに」と考える人がいるかもしれません。しかしそれは住宅ローンなど各種ローンの金利が上がることでもあります。日本ではデフレが長かったので、金利を上げるわけにはいきませんでした。デフレのように経済が停滞しているときに金利を上げる政策は基本的には取らないので、日本の金利はずっと低いままだったのです。

03 インフレ、デフレ、どちらがいいの?

ゆるやかなインフレが望ましい

「インフレ (Inflation) とデフレ (Deflation)、どちらが私たちにとっていいのだろうか?」。こんな疑問を持つ人がいるでしょう。このふたつの単語は多くの人が知っていても、自分たちの生活にどのように繋がっているのかはわかりづらいですよね。

　簡単に説明すると、「インフレとは物価水準が継続的に上昇すること」「デフレとは物価水準が継続的に下落すること」です。

　そして結論から言えば「**ゆるやかなインフレが望ましい**」ということになります。ではゆるやかなインフレとはどんな状態か? ということになるのですが、「**インフレ目標2%**」が各国の目指しているものです。

　2012年にFRB (連邦準備制度理事会:アメリカの中央銀行にあたる。金融政策を策定したり、金融機関を監督したりする) の議長だったベン・バーナンキ氏がインフレターゲット (目標として2%を目指す) を導入しました。それまで中央銀行が「自国はこれくらいまでの経済成長を目指す」という目標を公にすることはありませんでした。具体的な目標は公表しないほうがいいという風潮があったのを、初めて誰にでもわかるように発表したのです。

　日本経済は基本的にアメリカ経済に連動しているので、日本も2013年に物価上昇率 (インフレ) の目標を1%から2%に引き上げました。デフレから脱却することを目的として、いわゆる異次元緩和が始まったのもこの年です。アベノミクスの第一の矢として知られる政策です。

図1-3　フィリップス曲線

1958年にイギリスの経済学者フィリップスが論文で発表した「インフレ率が高い時期は失業率が下がり、インフレ率が低い時期は失業率が上がる」という考え方。

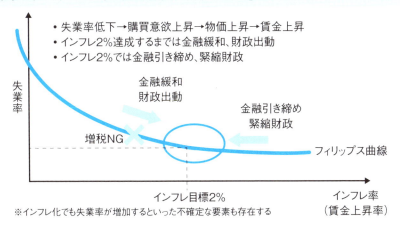

　経済学的に言えば「**2％ずつ物価が伸びていくのが理想的**」です。その根拠となっているのが「**フィリップス曲線**」（図1-3）と呼ばれるもの。1958年にイギリスの経済学者であるアルバン・ウィリアム・フィリップス氏が提案したもので、上に掲載したグラフはテレビ番組『正義のミカタ』（朝日放送）で共演する高橋洋一氏に、CM中に教授いただいたものです。解説しましょう。

　縦軸が失業率、横軸がインフレ率（賃金上昇率）を表していますが、失業率が下がってくる（職に就いている人が増えてくる）と、収入が上がるので「モノを買おう」という購買意欲が上昇。そうやって買う人が増えると、モノの値段（物価）が上がります。物価が上がれば賃金も上がるという流れになるのですが、バランスが良いのが2％だと言われています。

　「モノの値段は上がるかもしれないけど、賃金も上がるならばインフレはどんどん進んだほうがいいのではないか？」と考える人がいるかもしれませんが、物価の上昇に賃金の上昇が追いつかないこともあります。そうなったら「いまは買わないでおこう」という買い控えの方向に消費者が流

れるので経済が停滞します。また物価が上昇するというのは、言い換えれば「お金の価値が落ちている」ということです。これまで100円で買えていたモノが150円でないと買えない。つまり100円が従来の価値を持てなくなったということになります。

国債のところでも書きましたが、経済が停滞しているときには金利を上げたり増税したりという引き締めの政策は取りません。逆にインフレ率が2％以上にあるときは引き締めの政策を取ります。

政府も日銀も「インフレ率2％は達成していない」という見解を示しています。これに対し、一部の経営者や投資家などからは「CPI（消費者物価指数：基準時を100として見た場合、指数が上昇していれば物価が上がったと見ることができる）が上がっているから、日本はインフレと言えるのではないか」という声が上がっています。現状CPIは3％なので、その数字だけを見るとこうした意見が出るのもわからなくはないのですが、日銀は「賃金込みのインフレ」という見方をしています。賃金はまだマイナスなのでCPIをミックスして考えた場合、インフレ率は1％後半であるという見解です。ある指標だけを見るのではなく、総合的に見てインフレかデフレかを見るのが大切です。

デフレの特徴・「貨幣愛」

インフレとデフレ、それぞれの特徴について詳しく見ていきます。

まずはデフレ。**物価とともに金利がすごく下がっていく社会、それがデフレ**です。金利が低いので、住宅をはじめ各種ローンがとても利用しやすいメリットがあります。個人だけではなく、企業も金融機関から借り入れがしやすい。ですから本来はその借りたお金で工場を建てたり、新規事業を展開したりするはずなのですが、そうはいきませんでした。なぜならば

企業側は「消費者はこの状況で買ってくれるのだろうか?」と不安に思う、いわゆるデフレマインドが染みついていたからです。また金利が低いということは金融機関に預金する人が多くないので、お金に余裕がある人は企業のスタートアップに投資・融資するという流れができました。

　ただしこれは庶民には関係がない話です。あくまでもある程度の富裕層が投資していたということです。おそらくこの30年くらいは「給料は高くないけれど、物価も高くないから食べていける。別に困っていない」というのが一般消費者たちの実感だったのではないでしょうか。

　「生活に困らないのであればデフレでもいいじゃないか」と考える人もいるかもしれません。確かに日本国内だけで物事が完結するのであれば、問題はないかもしれません。しかし現実は海外との取引もありますし、そもそもデフレというのは不景気で起こるものです。つまり日本は30年間不景気だったということなのです。物価が安いから企業は利益が出しづらい。そうなると当然賃金を上げることも難しい。海外から輸入した商品が高くて買えない。そういったデメリットがあるのがデフレです。

　本来、金利を上げるタイミングとはインフレが過熱しすぎたのを抑えこむときです。するといったん不景気になりますが、その不景気からもう一度好景気に浮上させる一時的なタイミングにデフレが起きます。その後、金利を低下させて景気をふかす(アクセルを踏み込む)ために一時的に実施する政策だったものが、日本は金利が低いにもかかわらず、一向に景気が良くならない状態でした。だから「なぜだ?」と長期間悩んでいたのですが、そもそも長期間デフレが続くのは望ましい状態ではありません。これだけ長期にわたるデフレは、世界でも類を見ないものです。それくらい異常な状態が続いていたのです。

　コロナ禍で世界経済は停滞しましたが、ヨーロッパやアメリカは持ち直しました。それは不景気のときにどうすればいいのかという知見が増えてきたからです。アメリカはこれまで不景気からの脱却に5年ほどかかって

いたのが、現在は2、3年で成し遂げています。けれど、日本だけがまだ不景気からの出口が見つかっていない状況です。

これは日本特有かもしれませんが、商品やサービスに付加価値をつけずにできるだけ安く提供する。価格を上げようものなら批判される。そういう風潮がありました。企業が我慢して、良いモノを安く提供する。その煽りを受けるのは人件費です。

それが2023年くらいから変化してきました。値上げを表立ってできるようになり、株価も上がる。これが実現したのは外圧によってです。コロナ、そしてウクライナ紛争によってエネルギー価格や穀物の価格が上昇したので、「値上げするのも仕方がない」というマインドが広がったのです。私もいろいろな方にお話を聞いているのですが、家計管理の当事者である主婦層の方々からも「仕方がないことだ」と値上げを容認する声が上がっています。

ただ、もちろん値上げだけが行われると一般消費者にとっては厳しいので、賃上げも同様に実施してもらう。これができれば日本の状況はかなり変わるでしょう。いまがその境目なのだと思います。

次ページの図1-4　「『貨幣愛』に見るデフレ」をご覧ください。バブル崩壊から30年間、金融保険業を除く法人企業の売上げが1,500兆円前後で停滞、給与支給総額も150兆円で推移しています。一方、稼ぐ力は高まり、経常利益はバブル絶頂期の40兆円からいったん半減するも、その後は長期的に上昇して95兆円にまで増加。配当には経常利益の1/3が使われています。

企業は有望な成長投資先を見つけることができず、現預貯金（290兆円）が急速に積み上がり内部留保は500兆円に達しています。まさに、企業部門に現金が積み上がっている状況です。

家計の金融資産も2,199兆円と過去最高を更新しています。バブルの崩壊後、信じられるものは現金のみ。まさに「貨幣愛」。

図1-4 「貨幣愛」に見るデフレ

しかし、現金に固執するマインドはインフレとともに、次第に薄れてきています。私たちは30年間忘れてしまっていた価値を思い出し始めているのかもしれません。

インフレの特徴

次にインフレですが、メリットは**物価上昇とともに賃金が上がっていく**ということです。基本的にインフレは景気が良いときに起こります。給与が上がるので消費は増えます。それだけ経済が大きくなっていくということです。当然企業の利益も大きくなるので賃金に反映される。そしてそれによってまた消費が増えるという流れができます。

いまアメリカでは、金利が上がっているとともに賃金も上昇しています。預金の金利も上がり、たとえばアップル銀行は4%を超える金利を打ち出したことで話題を呼びました。これはアメリカでは珍しいことではありま

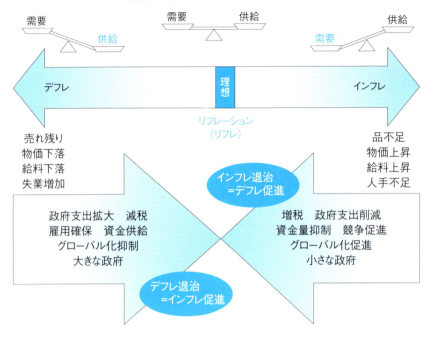

せん。このことを受けて「やはりドルを持っているといいよね」という考えが世界的に広まっています。

デメリットは、過熱しすぎないよう抑える必要があることです。しかも過熱を抑えるのには金利を上げる以外に方法がありません。金利が上がるのでローンが組みづらい、企業が金融機関から借りるお金の金利も上がります。不動産は動きづらくなるのに、アメリカでは住宅ローンが7％であるにもかかわらず家を買う人が増えています。それはあまりにも好景気すぎるという背景があるからですが、いずれ落ち着いていくと見ています。また住宅に限らず、「明日はもっと高くなるかもしれないから、いまのうちに買っておこう」という考えで消費が動いている部分もあります。

インフレ下における資産についても触れておきます。インフレということは物の値段が上がっているわけです。たとえばこれまで100円で買え

ていたおにぎりが 200 円出さないと買えなくなっている状態です。それだけ私たちのお財布には痛い。これまでは資産が目減りしているということなのですが、それを感じる人はあまりいなかったように思います。

　日本でも物の値段が上がってきたことで、「このままではいけない。お金を増やしたい、投資したい」と考える人が増えてきたと感じます。私が経済アナリストになってから 10 年間言い続けた資産形成の重要性を理解してくださる方が増えているようです。アメリカでは家計から投資に回す人があたりまえにいるので、日本もだんだんそうなってきているのは良い傾向だと思います。

04 円安、円高?
どうやって決まるの?
高いほうがいいの?

円安と円高のメリット、デメリット

　円安、円高ということを考えた場合、対象となるのはドルです。そもそもどういう状態が理想的かを先に言ってしまうと、**適度な円安が好ましい**ということになります。それでは円安、円高それぞれのメリットとデメリットを挙げていきます。

　まず円安ですが、メリットとしてモノを安い価格で輸出できるので、企業競争力は高まります。輸出は好調ということです。日本は製造業で稼いでいるため、適度な円安が望ましいというのはこの理由からです。

　また円安ということは、海外と比べて労働賃金が安く抑えられることなので国内に工場が戻ってくるメリットもあります。供給力のアップに繋がります。

　デメリットは海外から輸入する際の価格が上がることです。原材料の価格が上がるわけですから販売価格も上がります。これは消費者を直撃する問題です。海外旅行にかかる費用も上がります。売るのはいいけれど、買う（物であれサービスであれ）のはハードルが高くなるということです。

　円高はメリット、デメリットが円安の逆になります。円の価値が高くなるわけですから、メリットとしては輸入品が安く買えますし、海外旅行も安価で行けることになります。デメリットとして、輸出企業が不利になります。日本国内の工場では採算が合わなくなるので、工場は東南アジアや

図1-6 景気と通貨の関係〜割安な為替レートは経済成長をもたらす〜

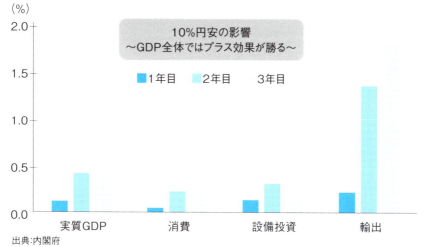

出典:内閣府

中国に出ていくことになります。その分、労働者も国内では雇えないということです。

適度な円安というのは、原材料が高くなってもできあがった製品が高く売れる。つまり稼ぐ能力のほうが高い状態、それが理想的な状態です。

円安の効果は時の経過とともに広がっていくと言われています。まず円安になると貿易収支が悪化します。エネルギーの輸入により貿易赤字になる。コストのほうが高くなる状態です。

しかし、円安は輸出による稼ぐ力を後押しするので、２年目からその効果が出ると言われています。図1-6「景気と通貨の関係」のグラフを見ると、２年目の輸出が目に見えて伸びていることがわかります。しかしこの段階では消費はそれほど上がらず、設備投資が上がっているので表面上は悪いことばかり目立ってしまうのです。

まさに2023年の日本がそうだったのですが、メディアでも円安による日本経済の危機を伝える報道が多かったことを覚えている人もいるのではないでしょうか。ただそれはこのグラフからもわかるとおり、円安では先に貿易収支が赤字になるのは経済学的にもわかっていることなので特に心

配する必要はないのです。一定期間が過ぎるとプラスの効果が出てくることもわかっています。もちろんそれは円安が適度であればという前提はあるのですが。ただ日本のGDPは現在伸びてきているので、そこまで悲観する必要はないと私は考えています。

適度な円安とはいくらくらいか？

では適度な円安とはどれくらいかという話ですが、適切な為替水準を明確に答えることができる人は、学者の中にも存在しません。なぜならば、相対的なものだからです。あえて、どれくらいが好ましいかと考えるならば、私は1ドル135円くらいではないかと考えます。これまでの日本政府の動きを見ると、政府は1ドル130円台から140円台半ばくらいで収めたいと考えているように思います。

それというのも150円や160円を超えると為替介入をしたり、政府や日銀、財務省から円安をけん制したりする発言が出てくるからです。よくニュースでも報道されますが、「口で言っているだけで意味がないのでは？」と感じる人がいるかもしれません。しかし、実際は発言によって、市場の動きをけん制する目的があります。市場への介入を匂わせることから「匂わせ介入」と呼ばれています。2024年の5月には財務省の神田財務官が市場への介入を「いつでもやる用意があり、極端に言えば今日やるかもしれないし、明日やるかもしれない」とかなり強い言い方で匂わせ介入をしました。実際にお金を使うのが為替介入ですが、それ以外にお金を使わずに市場に多少なりとも影響を与える方法があるのです。

匂わせ介入は「これ以上円安に進むのであれば国が介入しますよ」というメッセージです。それを知らずに「1ドル200円までいってしまうのではないか。だったらいまのうちに円を売っておこう」と円売りの行動を

とってしまう人もいます。ですからこういった発言が政府、日銀、財務省などからあったというニュースには注目しておくべきです。それによって「この辺が円安の天井だな」という水準感がわかりますから、不安を煽られることもなくなるでしょう。

先ほど挙げた財務省の神田財務官は2024年7月末付に退任したので、後任の三村財務官、それに鈴木財務大臣、植田日銀総裁、岸田首相……特にこの4名の発言を見ておくと為替相場に対して国がどう考えているかがわかります。

ただあまりにも露骨な発言をするとアメリカから為替操作国家と見なされて罰則を適用されてしまう可能性があるので、通常はそれほど強い言い方はしません。それだけに「何を言っているかよくわからない、結局国はどうしたいんだ?」と感じる人がいるかもしれませんが、前述の4名が円安、円高などについて発言したとすると、なんらかの思惑が背後にあると思っておきましょう。

円相場、アメリカとの関係

「匂わせ介入」だけでなく、もちろん実際に為替介入を実行することはあります。当然ですが日本とアメリカは密接な関係にあります。ですから日本政府が経済でなんらかのアクションを起こす際には水面下でアメリカにも同意を得ています。

自由貿易のなかでは通貨安の政策をとったほうが国としては有利になります。現状のような円安では、たとえば日本の自動車が安く売れることになるのでアメリカとしても円高になるような日本の動きに関して批判的な動きはありません。アメリカとしては現在のドル高は、「これくらいの相場であればかまわない」という許容範囲ではありますが、もう少し円が高

第1章 まずは知っておきたい経済の基礎用語

くてもかまわないということです。

しかし政権がバイデン大統領からトランプ氏に代わったとすると状況は変わってきます。トランプ氏は製造業を重視するので、現状の相場は望ましくないと考えるのではないかと予想されています。ですから政権が交代した場合には、為替相場にもまた新たな動きが生まれ円安が多少円高へと動くでしょう。

工場が日本にどんどん誘致されている

前に円安だと供給力がアップするということに触れましたが、現在国内に多くの工場が作られています（図1-7 「国内の主な新工場」）。これは政府が供給力をアップさせる政策に本気で取り組み始めた証拠です。

これまでであれば、現在のようなデフレのときには需要喚起の策が取られてきました。国民の消費意欲が低下しているのであれば、その需要を呼び起こそうというような。しかし現在は、供給力をアップさせる方向にベクトルが向いています。

供給力をアップさせることで、経済の規模を大きく引き上げ、国内で物を作り雇用を創出し賃金に還元していく。これもひとえに円安だからできていることです。

円高のときに工場が海外に流出していきました。そうすると国内の雇用は減少するので、そこで失職した技術者がいます。彼らが持っている技術が失われていく結果になっていたのです。人を雇えないということは、技術を継承できる人も継承される人もいなくなるわけですから。

ある企業の社長さんは「現在技術がある人は50代。中間の世代がすっぽり抜け落ちている状況だ」と話していました。たとえ国内に工場が戻ったとしても、いきなり第一線の技術者を育成できるわけではないので、

図1-7　国内の主な新工場

50代の人たちが下の世代に教えていくことでなんとか継承しているのですが、いまが技術を喪失しないギリギリのタイミングだと言っていました。いまの50代が70代になったときに工場が戻ってきても、継承していくのは難しいので本当に良いタイミングだったとのことです。

　日本はこれまで高い技術力が国際的に認められてきた歴史があります。その強みがなくなりかけていたところに、この円安でもう一度技術が復活する土壌が作られた。そう考えると、円安も悪いことばかりではないことが理解できると思います。

相場の始まりは金とドル

　ニュースで「円相場、昨日の終値は1ドル……」とよく耳にするかと思います。現在の相場はいわゆる「変動相場制」という、通貨の価値が変動していく制度を日本は採用しています。

もちろんこれは日本だけではありません。世界に約160ある通貨のうち、値動きを管理せずに市場に任せる変動相場制を31カ国が採用しています（ユーロ圏の19カ国含む）。それ以外の国では資本流出を抑えるために介入を積極的に行ったり、固定相場制を導入したりしています。

　為替は1816年にイギリスでスタートしました。通貨の始まりでも述べたとおり、最初は「金と交換できるもの」として流通が始まったのです（金本位制度）。しばらくそれが続き、1933年には世界恐慌などの影響で人々が金の確保に奔走します。そのため通貨が足りなくなる状況に陥ってしまいました。そこでアメリカのフランクリン＝ローズヴェルト大統領がドルの流出を阻止するため、金本位制度の停止を決断します。しかしこれは一時的な措置でした。

　1944年に45カ国が参加した連合国通貨金融会議で締結されたブレトンウッズ協定に基づいて、1945年からブレトンウッズ体制と呼ばれる「金・ドル本位制」が始まります。ここで「金1オンス＝35米ドル」と定めました。それまではどの通貨も金と交換できていたのを、ここでドルを通じてやり取りする「ドル基軸」の仕組みができたのです。これは固定でしたので、この時点では固定相場制ということになります。ちなみに当時の1ドルは360円でした。

　しかしこの制度には無理がありました。なぜならば金の埋蔵量・産出量には限りがあるからです。そのため1971年には金・ドルの交換が停止されます。ただ、しばらく続いた制度であったため「**ドルは金と同じような価値がある通貨**」という認識が世界の人々に植えつけられていました。現在もドルが強いのには、こうした歴史的背景もあります。

　当然ロシアや中国は、ドル基軸の世界がおもしろくありません。なぜならばドルが基軸であるかぎり、決して世界一の国家にはなれないからです。ですから中国はアフリカなどに積極的に打って出て、自分たちの通貨を基軸とした世界を構築しようとしているのです。この背景がわかると、ニュー

スを観たときに違った見方ができるようになると思います。

1971年からは、需要と供給に基づいて通貨の価値が決まる変動相場制が導入されます。たとえば円を欲しい人が増えれば円の価値が上がりますし、その逆であれば価値が下がる。そういう制度です。

ただそう考えると、変動相場制自体がまだそれほど歴史が長いものではありませんから、もっと違ったものが出てくることも考えられます。最近でいうと、ビットコインなどは変動相場制とは違った新しいものだと言えるでしょう。金融機関に口座を持っていない人も入手できるという意味からすると、画期的なものだと思います。

日米の金利差

市場の供給において通貨の価値が決まるのが変動相場制ですが、円とドルの関係は金利差を見るとわかりやすくなります。アメリカの金利は2024年8月時点で5.5％まで上がっています。それに対して日本は政策金利を上げましたが、それでも0.25％程度。金利差が開くことで為替相場に影響を与えている状況です。

為替はドルの発行量と円の発行量のバランス、つまりマネタリーベースで相対的に値段が決まります。マネタリーベースで言うと110円ぐらいが、ドル円の水準になります。ただ、これに加えて、「金利差」が加味されてマーケットでの売り買いが伴い、為替水準が決まります。そして、長期の目線では貿易で稼げる国なのか、経常収支が黒字かどうかも、円が魅力的かどうかに影響します。このように為替相場は金利差のみによって決まるわけではありませんが、金利差も重要な要素です。

金利が5.5％にもなるドルは、やはり世界中の誰もが欲しがります。その結果、一時期ドルが市場で不足する事態が起こりました。それに対して

金利が低い円を欲しがる人は少ない。長期的な視点で見れば国力、経常収支なども判断材料になるのですが、短期的には金利が高い通貨の需要が高いのです。

　すごく簡単な言い方をすれば「**ドルが欲しい人が多いのでドルは高い。円が欲しい人は少ないから円が安い**」。つまり「マネタリーベースだけで為替を語るのも間違い、金利差だけで為替を語るのも極端。貿易収支、経常収支も自国通貨の水準に影響する。どれも考慮して、水準を判断する」が正解になります。これを押さえておくと、極端な意見に惑わされないようになります。

05 | 利子と金利について

第1章
まずは知っておきたい経済の基礎用語

利子、利息、金利とは?

　利子と利息は同じことを指します。同じ意味なのになぜ言葉がふたつあるかというと、法律上の用語として所得税法では「利子」という言葉が使われ、利息制限法では「利息」が使われます。簡単に言うと、お金を借りた側が貸した側に支払う対価のこと。

　対して「金利」は、元金（借りた元の金額）に対する利息の割合をパーセンテージで示したもので、利率ともいいます。多くの場合、金利は1年間の利息の割合（年利）を示します。たとえば10万円を年利14%で借りた場合、利息は10万円×0.14なので、1万4,000円。1年後に返すお金は11万4,000円ということになります。また100万円を金融機関に預けた場合、年の金利が0.001%であれば利息として10円がつきます。このように、**借りた場合や預けた場合に関係してくるのが利子や利息、金利**です（次ページ図1-8 「利子と金利」）。

　みなさんがニュースなどでよく耳にしてきた「マイナス金利解除」という言葉があります。マイナス金利はデフレ脱却のために実施されていました。先に書いたように金融機関に預けた場合、「金利がマイナスということは、銀行にお金を預けたらそのお金を減らされるのではないか」と思った人もいるかもしれません。しかしマイナス金利が適用されるのは、一般の銀行が日本銀行に預けているお金の一部に対してですから、私たちの預金が減らされることはありません。そうすると一般消費者にはなにも関係がないように思いますが、マイナス金利が解除されると生活に影響が出ます。

39

図1-8　利子と金利

- 利子と利息は同じ意味

  お金を貸し借りする際に一定の割合で支払われるお金を指す言葉。
  カードローン等の借入に対して発生するお金「利息」。

- 金利

  元金に対する「利息」の割合をパーセンテージで示したもので、利率ともいう。
  つまり、借入金額に金利をかけて計算したものが利息。
  「金利」は多くの場合1年間の利息の割合（年利）を示す。

例1　10万円を金利年14%で1年間借りると仮定

利息は100,000円×0.14＝14,000円
1年後の返済額は114,000円（元金100,000円＋利息14,000円）

例2　利息を受け取るケース

100万円を金利年0.001%で普通預金に1年間預けた場合の利息は10円
金利年0.002%で定期預金に1年間預けた場合の利息は20円

マイナス金利解除による生活への影響

　まずメリットとしては、**預金の金利が上がる**ことが挙げられます。これまでは預金をしてもほとんどつかなかった金利が、ある程度つくようになります。2024年3月19日に日銀がマイナス金利解除を決めた後、三菱UFJ銀行と三井住友銀行は金利を0.001%から0.02%と20倍にまで引き上げることを決定しました。

　デメリットとして、住宅ローンや車のローンなど**各種ローンの金利が上がります**。返済金額に影響が及ぶということです。さらに言うと、運転資金を金融機関からの融資で調達している企業からすると、金利が高くなるために借りづらくなることが予想されます。そうなると「うちの会社も賃上げを予定していたけれど、金利の状況が変わるならば少し様子見してみよう」と判断する可能性が出てきます。マイナス金利のままであれば、賃上げされていたはずなのに、それが実施されない可能性が出てくるという

のも消費者への影響として見逃せません。

　ただこれは「**これまでマイナスだったものを、いったんフラットにします**」という政策です。もちろん経済状況を見て利上げが続く可能性はありますが、アメリカのように金利が４％だとか５％になるまで連続して短期に利上げするかというと、決してそういうわけではありません。

　欧米で金利を変動させる場合、基本的には0.25％ずつ上げる（もしくは下げる）のが慣例です。日本の場合は、よほどインフレが加速しないかぎり上げ幅はかなり小さいものになるので、目に見える影響を一般消費者が感じるかというと、そこまでの肌感覚は持たないでしょう。

　おそらく日銀としては７カ月、８カ月くらいのスパンでさらなる利上げを行い、来年の春闘を迎え、そこで賃上げが実施できない場合はそこからの利上げは様子見という方向性で動いていると思います。アメリカのように頻繁に利上げをすることは考えづらい。

　しかし後ほど触れますが、特に住宅ローンの変動金利に利上げは影響を与えますので、一生の買い物を考えている人にとってはシビアな問題です。こうしたニュースにもアンテナを張っておくのがいいでしょう。

06 GDP、GNPは どう見ればいいの?

GNPとGDPの違い

　GNP（国民総生産）、GDP（国内総生産）に関しては、ほとんどの人が耳にしたことがあるでしょう。しかし、実際どのような指標で、どういう見方をすればいいのかを正確に把握している人はそれほど多くないのではないでしょうか。

　GNPにはGDPも含まれます。GDPに日本が海外市場で生産したモノの付加価値（生産によって新たにプラスされた価値。売り上げから原材料費などのコストを差し引いた額）がプラスされたもの。それがGNP（図1-9「GNPとは」）です。

　以前はGNPを経済の規模を表す指標として使っていましたが、現在ではGDPで見るようになっています。なぜならそちらのほうがより純粋に国内の経済規模を示していると考えられるようになったからです。ですか

図1-9　GNPとは

GNPとはGross National Productの略称で、国民総生産を指す。

GNP（国民総生産）=GDP（国内総生産）+（※）海外からの純要素所得

GNP（国民総生産）	
海外からの 純要素所得	GDP（国内総生産）

（※）海外からの純要素所得
　　=日本人が海外で稼いだ賃金や利息−外国人が日本で稼いだ賃金など

ら、ニュースで報道された場合にも GNP よりも GDP に注目しましょう。

GDPの半分以上は個人消費

GDP の内訳を見てみましょう（図 1-10 「日本の名目 GDP の内訳」）。じつに半分以上 53％が個人消費です。続いて 21％が政府消費、16％が設備投資、6％が公共投資、残

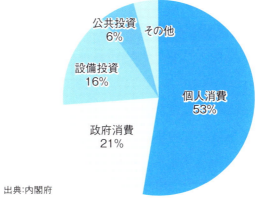

図1-10　日本の名目GDPの内訳（2020年度）

出典：内閣府

GDPとはGross Domestic Productの略称で、国内総生産を指す。

りはその他となっています。もちろん政府が使うお金や企業の設備投資も大きな割合ではあるのですが、しかし個人が**貯金ばかりしてお金を使わないと、GDP が伸びず景気が減速していく**のです。

産業別の GDP の割合は、商業が 12.4％、不動産業が 12.3％、情報通信業が 9.7％、医療福祉が 8.0％で、やはり個人の消費に関係する産業が割合としては大きめです（2021 年）。

最近は「若い人がお金を使わなくなった」「車を持つ若者が減った」といった報道がよく見られます。お金を使わなくなった要因はいろいろあると思いますが、個人がお金を使わなくなると企業が潤わず、お金が回っていきません。消費なしに経済は循環しませんから、あまり良い傾向とは言えない状況です。

名目GDPと実質GDP

次に名目GDPと実質GDPについて触れていきます。名目GDPとは国内で生産されたモノやサービスの価値をそのときの物価で評価したもの。消費税や価格の変動などを含みます。いっぽう物価の影響などを排除したものが実質GDPです。

たとえばある飲料メーカーがジュースを100円で販売して、100本売れたとします。売り上げは1万円です。翌年に120円に値上げしたところ、今度は200本売れました。売り上げは2万4,000円です。名目GDP、実質GDPともに初年は1万円です。しかし2年目は名目GDPが2万4,000円となるのに対して、物価の変動（値上げ分）を排除する実質GDPでは2万円となります。**物価の変動を考慮しないため、実質GDPは経済成長率や消費の動向を見たい場合の参考になります。**

名目GDPには消費税なども含まれますので、これが拡大していると税収も増えているということになります。現在、名目GDPは過去最高になっているので、国としては収入がとても増えている状態です。意外と気にしていない方が多いと思うのですが、100円の商品が売れた場合の消費税、200円の商品が売れた場合の消費税。このふたつを比べた場合、国の収入は200円のときには2倍入っています。

「名目GDPは過去最高なので、日本の国力は上がっている」と言われても、一般消費者からするとその実感はありません。物価が上がっても賃金は増えていない。支出ばかりが増えている状況なので、「日本経済は良くなったな」という感想は持てないでしょう。ですから**賃金が上がるまでは、政府が補助金などを使って国民の生活を守る**しかありません。消費税による税収が増えているのだから、その分国民に分配するという考え方です。

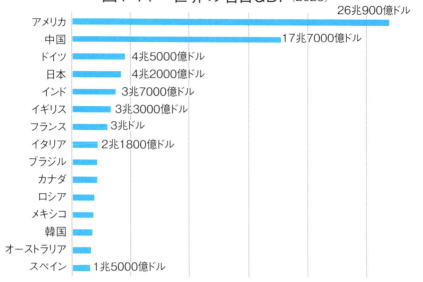

図1-11　世界の名目GDP（2023）

アメリカ　26兆900億ドル
中国　17兆7000億ドル
ドイツ　4兆5000億ドル
日本　4兆2000億ドル
インド　3兆7000億ドル
イギリス　3兆3000億ドル
フランス　3兆ドル
イタリア　2兆1800億ドル
ブラジル
カナダ
ロシア
メキシコ
韓国
オーストラリア
スペイン　1兆5000億ドル

　そのうちのひとつが所得減税です。「過去最高になった税収を国民に還元します」という動きです。ただこれに関しては、別のやり方が良かったのではないかと思います。

　経済学的には消費税を下げたほうが効果的だとされています。所得減税を一回実施したところで、その分浮いたお金を貯蓄に回す人もたくさんいるでしょう。そうなると消費に反映されないので、それならば消費税を下げたほうが効果は顕著に表れます。もちろん国としていろいろなケースを想定したうえでの所得減税ですし、何事も絶対ということはないので所得減税が間違っているというわけではありませんけれど。

　日本はドイツに抜かれて名目GDPで世界第4位の位置につけています（図1-11「世界の名目GDP」参照）。ドイツとの差はどこにあるかというと、対外国での儲け方の違いです。ドイツは貿易で稼いでいて、それがそのままGDPに含まれています。しかし日本は直接投資や証券投資の収益で稼いでおり、この分はGDPに反映されません。また円安の影響で原

材料などが高騰しているので、貿易ではなかなか利益を出しづらいことも関係しています。

　貿易で稼いでいる場合、生産拠点を国内に持ち輸出を進めていくことで国は成長します。これはモノが売れているからできることです。ドイツはそうなっていますが、日本は投資で稼いでいるのでそういうことができません。ですから補助金を使ってでも国内に工場を誘致しようとしているのです。根本部分から解決して、GDP を上げていこうとする取り組みを国が実施しているわけです。

07

貿易黒字、貿易赤字。やはり赤字は悪いことですよね?

第1章 まずは知っておきたい経済の基礎用語

経常収支がプラスならば、貿易赤字でも心配なし

　赤字と黒字。当然赤字よりは黒字のほうがいいことは誰でもわかるでしょう。**しかし貿易の赤字、黒字、それだけを見て判断するよりも、全体を見る必要があります。**

　日本の国力を表すものとして経常収支があります。経常収支とは「貿易・サービス収支」「第一次所得収支」「第二次所得収支」の合計です（次ページ図 1-12 「経常収支って何?」）。それぞれを見ていきましょう。

　貿易収支は財貨（物）の輸出入の収支を示すもので、国内居住者と外国人（非居住者）との間のモノ（財貨）の取引（輸出入）を計上します。

　サービス収支は、旅客機運賃の受け取り・支払いや飲食費の受け取り・支払い、証券売買による手数料の受け取り・支払い、著作権等の使用料の受け取り・支払いなど、サービス取引の収支を示すものです。

　第一次所得収支とは、対外金融債権・債務から生じる利子や配当金等の収支状況を示すもので、親会社と子会社との間での配当金や債券利子の受け取り・支払いや株式配当金の受け取りや支払いがこれに含まれます。

　第二次所得収支は、居住者と非居住者との間の対価を伴わない資産の提供に係る収支状況を示すもの。官民の無償資金協力、寄付・贈与の受払等を計上します。

　これらすべてが合わさって、日本という国の国力が表されます。ここ数

47

　年、日本の貿易収支は赤字が続いていますが、経常収支はプラスです。ですから貿易が赤字だからといって「日本は貿易立国だったはず。その貿易が赤字だからもうダメだ」とはなりません。逆に貿易が黒字でも経常収支がマイナスであれば、それは良い状況ではありません。

　もちろん貿易が黒字であることに越したことはありません。しかし、世界最大の国で世界経済の中心であるアメリカは貿易赤字です。だからといって「アメリカはもうダメだ」とはなりません。なぜアメリカの貿易が赤字かといえば、世界最大の消費国家でもあるからです。輸入が非常に多い分、赤字となっているのです。世界経済がドル基軸であることは前に触れましたが、ドル基軸にするためには世界中にドルを流通させる必要があります。出ていくドルが必要なのです。

　ただ、ドルを海外に流出させても、アメリカ国債を外国の人たちが購入することでドルが戻ってくる還流システムができているので、アメリカが困ることはありません。そこは日本と状況が違いますから、アメリカと日

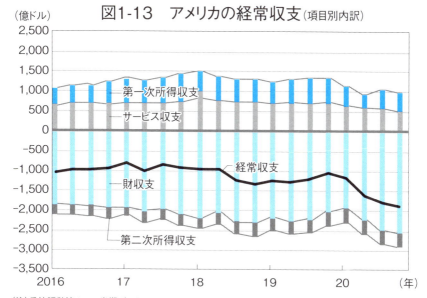

(注)季節調整済み、四半期データ
(出所)BEA よりニッセイ基礎研究所作成「米1～3月期の経常赤字はさらに増加か」
週刊エコノミストオンライン
https://weekly-economist.mainichi.jp/articles/20210622/se1/00m/020/049000c

本の貿易赤字を単純に比較はできないのですが、**少なくとも経常収支がプラスであれば、ある部分が赤字でもそこまで心配することはありません。**つまり、トータルで稼ぐ力が重要ということです。

経済がわかれば、新たな視点が生まれる

　本来は「貿易・サービス収支」「第一次所得収支」「第二次所得収支」がバランス良く黒字になっていることが望ましいのですが、現実はなかなかそうもいきません。先ほど触れたようにドイツは貿易が好調なのですが、ここが落ち込むと経常収支がマイナスになる可能性があります。
　日本で「エネルギーコストを下げるために原発を活用しよう」「海外産

のサービス（Amazon 等）ではなく、国内のサービスを使おう」といった動きが出ているのも、貿易収支を念頭に置けば理解しやすいでしょう。そのうえでニュースを見ると、いろいろなことがわかります。原発のニュースを見て、以前は「東日本大震災の教訓を活かしていないのか。あれは人間の手には余るものだ」と感じていたとしても、経済のことがわかってくると違った見え方になります。原発に反対であれ、賛成であれ、そこに新たな視点を加えて自分なりの考えを持つことが大切だと私は思います。

　実際に震災で被害に遭われた方からすると「原発なんてとんでもない！」という考えになるのはわかります。逆に「エネルギー価格が高騰しているのだから原発稼働も仕方がない」という考えを持つ人がいるのもわかります。**感情論に流されず、さまざまな意見に接して自分なりの考えを持ってほしい**というのが私の考えです。

08 中央銀行と民間銀行の違い

第1章

まずは知っておきたい経済の基礎用語

そもそも役割が違う

日本銀行はいわゆる中央銀行。それに対してみずほ銀行など、日常私たちが目にする街中の銀行は民間銀行です。ではその違いはどこにあるのでしょうか？

中央銀行は、私たち一般消費者と取引することはありません。民間銀行との取引のみを行っています。そして、そもそもの役割が違います（図1-14「中央銀行と民間銀行の違い」、図1-15「日本銀行（中央銀行）と金融システム」）。

中央銀行は物価と金融システムの安定を目的とします。こう書くと「私たち一般消費者とやり取りもしないし、特に関係なさそう」と感じる人も

図1-14　中央銀行と民間銀行の違い

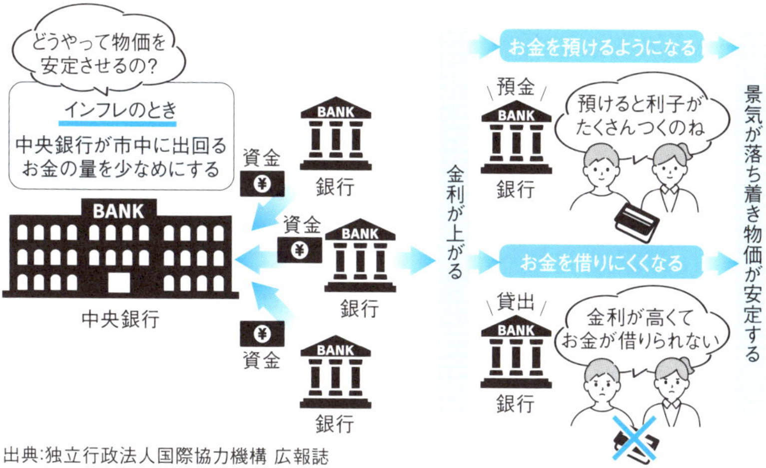

出典:独立行政法人国際協力機構 広報誌
https://www.jica.go.jp/Resource/publication/mundi/202104/202104_05.html

51

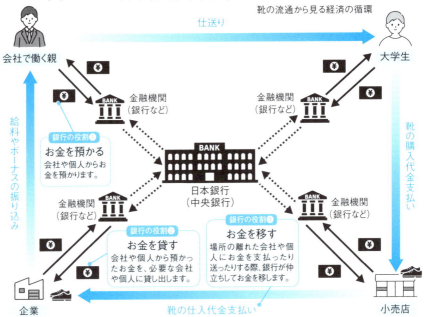

いるでしょう。しかし市場での**お金の流通量や金利を決めていくのは中央銀行**なので、一般国民の生活にも大きな影響を与えます。

対して民間銀行は預金の受入、貸出、為替業務などが主要な業務です。ですから「銀行」とは名称にあるものの別物だと考えましょう。

金利の説明の際にも触れましたが、ニュースでよく耳にする「マイナス金利」というのは、中央銀行と民間銀行の間で適用されていたものです。中央銀行に民間銀行がお金を預ける際、「利息を中央銀行が取ります」というのがマイナス金利です。つまり民間銀行が預けたお金は目減りしていくということです。

「どういうことなの？」と疑問を持つ人もいるでしょう。その狙いは「お金を寝かせて置かずに、銀行は中央銀行にお金を預けずに、企業に融資させる」というもの。お金を還流させるための政策です。効果が劇的にあっ

たかというと、そこまで目に見えてというものではなかったような気がしますが……。

マイナス金利解除、追加利上げによる株式市場への影響

　近年日本が取ってきた金融政策はあまり伝統的ではない、少し異質な政策でした。本来は「短期金利をどれくらいにするか」を目標とし進めていくものです（欧米はほとんどがこの方式）。マイナス金利解除により「やっとそこに戻ってきた」と諸外国が評価したことで、日本経済に対する信頼が少しだけ回復したように思えます。

　それが表れたのが株式の動きです。日本株を保有しようという動きが出てきたため、株価が上がっていました。完全に信頼を取り戻したというわけでありませんが、信頼を得るための第一歩を踏み出した。そういう印象で、追加利上げは時期が早すぎた可能性があります。日銀は2024年7月31日の金融政策決定会合で、政策金利を0.25％程度に引き上げる「追加利上げ」を決めました。経済と物価の「好循環」が進んだことを理由として説明しましたが、賃金が上がっていないなかで利上げには慎重にならざるを得ません。植田日銀総裁の思いは、「体温のある経済にしていきたい」「伝統的な金融政策を行いたい」というもので、その思いは会見で受け止めることができました。ただ日銀自身が、展望レポートでGDPや消費者物価指数の足元も見通しを下方修正しています。日本の個人消費は弱く、実質金利はまだマイナス。「こうしたマクロデータのなかで、利上げの判断をする国なのだ」と海外から判を押されかねない。そのことはリスクでしょう。

　賃金上昇を前提として前もって「利上げ」するのであれば、日銀は「雇用」について責務を負う必要があるのではないでしょうか。日銀は「物価

の番人」ですが、アメリカの中央銀行のFRBは「物価と雇用の番人」と二つの責務を負っています。では、日銀も「雇用」について責務を持っていただけないだろうかと思ってしまいます。

不安な点は、マイナス金利解除と追加利上げで、企業側が融資を受けるのをためらう可能性があるということです。そうなると「賃上げを見合わせようか」「設備投資をいったん保留にしよう」となるかもしれません。そうならないために、連続的に利上げをすることは好ましくないでしょう。

中小企業への助け舟

2024年の春闘は企業側からのほぼ満額回答、賃上げを実施することが決定されました。このことがマイナス金利解除を判断する大きな要因となったと日銀は答えています。

ただ、賃上げを決断したのは大企業ですが、日本企業の99.7％は中小企業です。もちろん中小も春闘の結果を受けて賃上げを検討すると思いますが、実施できる企業は大多数とはならないでしょう。特に下請けとして機能している中小企業の場合、元請けに納品する製品の価格を値上げしづらい状況が壁になっています。値上げ交渉がはかどらないため、賃上げも難しくなっているという構造があります。

それを打破しようと国が取り組んでいるのは良い傾向だと思います。下請法により過度な要求や無茶な条件の押し付けなどはできなくなっています。2024年3月に大手自動車メーカーが公正取引委員会から勧告を出されて大きな話題となりました。**正当な価格交渉に応じない企業があった場合に勧告が出され、企業名が大きく報道されてしまうリスクが大企業に生じた**わけです。こうなると下請けからの価格交渉にも応じないといけません。これは「中小企業の声に耳を傾けよう」という国からの強力なメッセー

ジになったと思います。

　また現状を鑑みると、実質賃金（実際に貰っている給料）とインフレ率を比べた場合、インフレ率のほうが高いため、実質賃金はマイナスとなっています。そのため一般国民は苦しんでいるのですが、47 都道府県のうち群馬県と大分県だけは実質賃金がプラスであるという調査結果が出ました。

　日本経済新聞が群馬県で取材したところ、**自治体から中小企業に対する補助金（賃上げするための原資となるお金）が出ていた**ことがわかりました。法人税を後々免除すると言われても、現状赤字で元手がない企業からすると「そんな遠い話……」となります。賃上げをしたくてもできる状況にはありません。そこで公的補助が実施されて、賃金を上げることに成功しているのです。また、もうひとつの要因としてコストコが群馬に進出し、高い時給で求人をしているため他社も賃金を上げていかざるをえなくなったという側面がありました。

　そうした外部からの参入と公的補助がうまく噛み合って、群馬県の賃金は上がっているのです。

　もちろん商品の付加価値を上げて値上げ交渉をして、賃上げを実施できるようになるのが理想ではあります。しかし自治体に「群馬と同じような取り組みができないか？」という問いかけをすることもできるでしょう。賃上げに成功した事例が厚生労働省のホームページで紹介されていますので、成功した企業の取り組みを見るのも参考になると思います。賃上げの重要性はどの企業も理解しているでしょう。そしてそれに対する概論などは出尽くした感があります。ですからここからは具体的な成功事例を見ながら、自社に取り込めるものがないかを探していくフェーズに入っているのではないでしょうか。

第2章

市場経済について

01 | 景気の良し悪しは どうやって判断するの?

4つの指標から景気を判断

　好景気、不景気、よく耳にする言葉です。どうやってそのことを判断しているのかというと、次の4つの指標が用いられます。「GDP（国内総生産）」「日銀短観」「景気動向指数」「鉱工業指数」（次ページ図2-1　「日本経済を巨大な飛行機と考える」、60ページ表2-1　「代表的な経済指標」）。それぞれがどのようなものか解説していきます。

　GDPについては1章で触れたので、簡単に説明します。名目GDPとは国内で生産されたモノやサービスの価値をそのときの物価で評価したもの。消費税や価格の変動などを含みます。いっぽう物価の影響などを排除したものが実質GDPです。

　日銀短観は、日銀が約1万社の企業に「景気はどうですか？」「会社の業績はどうですか？」といったアンケートを行う統計調査です（年4回実施）。この「景気はどうですか？」と聞き取ったものを「業況判断指数（DI＝ディフュージョン・インデックス）」といいます。「景気が良い」と答えた企業数から「景気が悪い」と答えた企業数を引いて算出しますが、**プラスであれば「景気が良い」、マイナスならば「景気が悪い」**と判断します。

　この調査には企業経営者が予測している「想定為替レート」というものも含まれます。2023年12月の調査では、その予測が「1ドル約140円」となっていました。しかし2024年7月時点では、150円台なので「企業によっては業績を上方修正するのではないか？」という予測が立ちます。ただし今後、為替が円高に推移すれば、日本の企業業績の見通しが悪化す

図2-1　日本経済を巨大な飛行機と考える

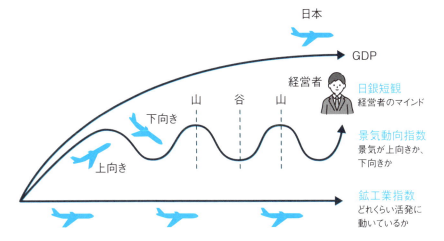

る可能性もあります。

　日銀短観の調査では「設備投資計画」も聞き取っています。最近の調査ではトータル100兆円ほど使われる見通しなので、日本経済は手堅く推移するだろうと私は予測しています。

　ほかにもさまざまな項目があるのですが、日銀短観で見るべきは**「業況判断指数（DI）」「想定為替レート」「設備投資計画」**の3つです。

　日銀が発表する日銀短観に対して、**「景気動向指数」**は内閣府から発表されるものです。**日本経済が上向きなのか下向きなのかを判断**します。景気の変化の大きさや方向性がわかる指標です。毎月発表されるので、前月と比べて経済がどのように変化しているのかを見ておくとよいでしょう。

　景気動向指数にも、日銀短観にもあるDI（業況判断指数＝ディフュージョン・インデックス）という指標があり、加えてCIという指数も含まれます（CIには日本語訳がなく、「コンポジット・インデックス」と呼ばれることもあります）。

　DIでは「景気が回復しているか、後退しているか」、CIでは「景気変動の大きさやテンポ、どれくらいの強さで拡大しているか、後退している

表2-1　代表的な経済指標

指標	発表時期・発表主体	概要 （景気を飛行機、企業を乗客にたとえています）
国内総生産 （GDP）	四半期ごと・内閣府	日本の経済成長を知る 日本経済の規模を示すもの→詳細は1章
日銀短観	年4回・日銀 4月、7月、10月、12月 公表	企業マインドの変化を示す 乗客である企業の経営者に「景気はどうですか」と乗り心地を聞くアンケート調査。業況判断指数（DI）がプラスであれば景気は良い、マイナスであれば景気は悪いと判断する。 「設備投資計画」も重要。
景気動向指数	毎月・内閣府	いまの景気局面を知る 機体（景気）が上を向いているのか下を向いているのかを示すもの。
鉱工業指数	毎月・経済産業省	景気変動を先読み・GDPを先読み 機体がどの程度活発に動いているかを示す。「電子部品・デバイス」「在庫循環」に注目。

か」が判断できます。基準とする年（毎年変わります）を100とした場合、100よりも上昇していれば景気拡大、下降していれば景気後退ということになります。

CIの一致指数で景気を判断

　また景気動向指数には、景気を先取りする「先行指数」と、現状の景気と一致している「一致指数」、景気から遅れて動く「遅行指数」の3つがあります。ニュースなどで見る「景気動向指数、前月から5.8ポイント低下」といった数字は、一致指数を元に発表されています。たとえば大きな災害が起こったりすると、前の月よりも一致指数は下がることになります。このような場合は「災害があったことが原因であり、経済自体が悪い方向に向かっているわけではない」という判断ができます。

　以前は「いまの経済が山なのか、谷なのか。その形がわかる」指数であ

る DI を使って景気を見ていたのですが、2008 年からはより足元の数値がわかる **CI の一致指数で景気を判断**するようになっています。

　というのも、DI は景気の判断に使うのには適していないことが理由です。景気の山と谷というのは後になってからハッキリとわかるもの。判定には 1 年以上かかります。一例を挙げると、2018 年に景気は山＝ピークであると言われていました。しかしその時点では、もっと上昇するかもしれないので確定していませんでした。それが「あのときがピークだった」と判断されたのは 2020 年のことです。2018 年以降に経済が後退しているから、そう判断できるわけですが、「いまさらそんなこと言われなくても知ってますよ」という話になってしまいます。

　好景気・不景気を判断する 4 つの指標の最後に挙げた**「鉱工業指数」**は、経済産業省から毎月発表されています。鉱業と製造業がどれくらい生産・出荷しているか。どれくらいの在庫があるか。それらを表す指数です。日本の生産活動の状況を見て、景気動向を探るヒントになっています。

　CI と同じく基準となる年を 100 として、「上昇しているか、低下しているか」を見るもので、先に触れた、景気動向指数の一致指数にも採用されています。

　GDP と日銀短観は四半期ごとの発表ですから、少しタイムラグがあります。しかし「景気動向指数」と「鉱工業指数」は毎月の発表なので、経営判断や投資の判断をする際に、これらの指標から予測を立てていくこととなります。

鉱工業指数の「在庫」から見える景気

　鉱工業指数に「在庫」が含まれていることは前述しました。生産や出荷が伸びていれば「経済が上昇している」と判断がつきやすいと思いますが、

図2-2　在庫循環図

経済産業省の在庫循環図は、縦軸に鉱工業指数の在庫指数の前年比を、横軸に同生産指数の前年比をプロットしたもの。企業の在庫調整は景気循環に大きな影響を及ぼす。景気の循環的な動きをいち早く把握することが可能。

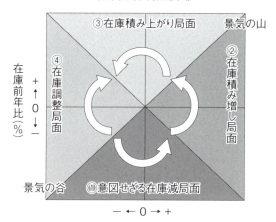

在庫循環図（概念図）

（出典：経済産業省）

在庫局面	景気局面	企業の生産在庫状況
①意図せざる在庫減局面	景気回復期	増産しても需要に追いつかない
②在庫積み増し局面	景気拡大期 好景気終盤	将来の需要増に備えて増産・在庫増
③在庫積み上がり局面	景気後退期	需要の減少速度に減産が追いつかない
④在庫調整局面	景気停滞期 不況期	さらに減産し在庫を減らす

（出典：経済産業省より、日本金融経済研究所作成）

https://www.meti.go.jp/statistics/toppage/report/minikaisetsu/hitokoto_kako/20151020hitokoto.html
https://nigimitama.hatenablog.jp/entry/2018/05/05/072713

「在庫でどうやって景気を知るのだろう？」という疑問が出てくるのではないでしょうか。実は、在庫の4つの状態（図2-2「在庫循環図」）から景気を知ることができるのです。

　まずは「意図せざる在庫減局面」の場合。これは増産しているのに需要

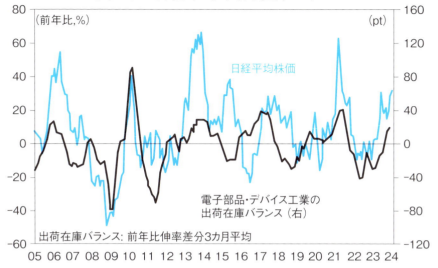

図2-3　日経平均・出荷在庫バランス

（備考）鉱工業生産統計等より株式会社第一生命経済研究所作成
https://www.dlri.co.jp/report/macro/316093.html

に追いついていない状態です。景気が回復している時期に見られます。

　次に「在庫積み増し局面」です。将来の需要が増えることを見越して増産した結果、在庫が増えている状態。景気が拡大しているとき、もしくは好景気の終盤です。

　「在庫積み上がり局面」は需要の減少速度に減産が追いつかない状態で、景気後退期に見られます。

　もうひとつが「在庫調整局面」。さらに減産し在庫を減らす状態で、景気停滞期や不況のときに見られます。

　一口に「在庫」と言っても、局面によって意味合いが大きく異なります。在庫がどのような状況であるかを見ると、景気が現状どれくらいなのかを判断できる材料となります。

　もうひとつ**鉱工業指数で注目したいのが、「電子部品・デバイス」**です。半導体の毎月の状況ですが、この領域が株価動向の鍵となります。2020年のコロナ禍の時期に落ち込んだものの、かなり早い段階で回復しました

（図 2-3 「日経平均・出荷在庫バランス」）。在庫が不足する状況になった
のです。第一生命経済研究所によれば**日経平均株価の動きと半導体の動き
が連動**しているので、アナリストは景気が良くなっていることに確信を持
ちました。

　自動車工業の生産指数などと比べると、電子部品・デバイスは動き方が
違います。半導体は「産業の米」と称されるくらい現在の製造業には欠か
せない部品。それだけ景気に与える影響も大きいと言えます。半導体の工
場を日本に誘致しているのも、とても良い流れであることが理解できるの
ではないでしょうか。

　自動車は半導体がないとまず作れません。日本の主要産業のひとつで
すが、半導体を自国で生産できず輸入に頼っていると、半導体を製造して
いる外国の近くで国際紛争や政権交代などが起きた場合、輸入に支障を来
すおそれがあります。そうなれば製造業は立ち行かなくなるリスクさえあ
るのです。ですから景気の動向を知るだけでなく、日本全体のことを考え
ても、半導体の工場が国内にあるのは大切なことなのです。

　台湾の世界的な半導体メーカー「TSMC」が熊本県に巨大工場を相次
いで建設しています。今回の工場誘致で補助金が 1 兆 2,000 億円くらい
使われる見通しです（宮城県でも台湾の半導体メーカー PSMC が工場建
設を計画しています）。これまでの日本であれば、補助金は国内企業ばか
りに使われて、外国企業に出すことはしていませんでした。それを変えて
でも半導体工場を誘致したことは、かなり評価されていいと思います。

　当然、私たちの税金が使われるので「これは正しい使い方なのか？」と
いう議論は出ると思いますが、半導体が「産業の米」であり広範囲に影響
を及ぼす工業製品であることを念頭に置けば、「海外の企業に日本の税金
を使うのか！」とはならないのではないでしょうか。

02 好景気・不景気──政府は何をするのか?

第2章 市場経済について

不景気と好景気で逆のことをやる

経済にとっていちばん恐ろしいのは信用不安です。これが起こると経済は破綻します。リーマンショックがそうでした。1章のシリコンバレー銀行の話もそうです。それを防ぐためにいろいろな対策を講じることが政府の施策の大前提にあります。

不景気では、金融緩和や利下げをします。日本はここ数年ずっとこれを続けています。金利を抑える「ゼロ金利」という対策を取りながら、2001年から量的緩和(銀行から国債を買い入れる行為。市場に大量の資金を供給する)、2013年から量的・質的緩和(買い入れる国債の期間を延ばすことや、国債以外の元本保証がされていないETFやリートを買い入れること)を実施してきました。この量的・質的緩和を「異次元の緩和」と呼んでいます。

2016年からは「イールドカーブ・コントロール」と呼ばれる、短期と長期両方で金利の調整を行う政策が取られました(次ページ図2-4「イールドカーブとは?」)。短期金利では金融機関が日本銀行に預けている預金の一部にマイナス金利を適用。いっぽうで、国債を買い入れることで長期金利を0%程度に抑えました。金利を低く抑え込む対象に、それまでの短期金利以外に長期金利(10年物国債の利回り)を加え、国債を買い入れることで長期金利を低く抑えたのです。年金運用などにかかわる超長期金利については、金利の上昇を許容する姿勢を狙いました。2023年、2024年は10年債利回りの上限を決めるカタチで、ある程度抑制しています。

65

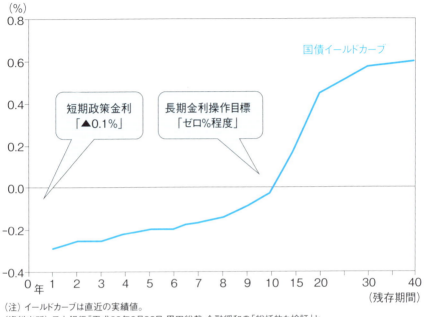

対してアメリカのように**好景気の場合は、引き締め＝金利を上げる政策などを行います**。好景気と不景気とでは、逆のことをやるわけです。

金融対策はアメリカを参考にする

　景気の状態によってどのような政策を取るのか？　参考になるのはやはりアメリカです。これまで**アメリカはデフレ、インフレそれぞれの状況で**

いろいろな政策を取ってきました。功を奏したものもあれば、それほど効果がなかったものもあります。

　1970年代のアメリカは金利が20％という高インフレでした。インフレだから押さえつけるために高金利にしたのですが、やり過ぎたから経済が破綻しました。その後ブラックマンデー対策で手腕を発揮したアラン・グリーンスパン氏がFRB議長のときに長期間の低金利政策を実施しました。しかしこれによりインフレが起こり、リーマンショックに繋がったという見方もあります。

　このように、アメリカには「あのときもう少しこうしたらよかった」「あの政策は成功だった」という知見が蓄積されているので、アメリカは良いお手本になると思います。

　日本はこれまで独自の経済政策を取ることも多かったのですが、やっと諸外国と同様に**短期金利を目標に考えていくようになりました**。この点からもアメリカは参考になります。

03 これまでの金融危機、起こるかもしれない金融危機

ニクソンショックとオイルショック

　これまでさまざまな金融危機が起こってきました。そして金融危機はこれからも起こる可能性があります。過去にどんな金融危機が起きたのかを振り返ってみます。

　1971年にはニクソンショック（ドルショック）が起こりました。**ベトナム戦争の戦費がアメリカ経済を圧迫したのが原因**です。ドルの流出によるインフレという経済危機に直面したニクソン大統領は、金・ドル交換停止などを内容とする新経済政策を取りました。そのことで世界経済が深い衝撃を受けたのです。「日本の経済成長を支えた輸出産業が縮小するのではないか？」という懸念が広がり、金融システムの崩壊を引き起こしました。

　1973年に起こったのが第一次オイルショックです。同年10月にイスラエルとアラブ諸国の紛争（第四次中東戦争）が発生しました。**アラブ諸国は敵対するイスラエルおよび支援国への対抗策として、原油の生産量削減と西側諸国への輸出禁止を決めました**。そのため**原油価格は3カ月で約4倍に上昇**。石油資源を輸入に頼っていた日本は大きな打撃を受けることに。急激な物価上昇に見舞われ、順調に続いてきた高度経済成長が終焉を迎えました。戦後初めてのマイナス成長となり、物価が20%も上昇。「石油供給が途絶えれば、日本は物不足になるのでは？」という不安感が人々

を買いだめ・買い占めに走らせ、トイレットペーパーがなくなる事態に陥りました。

1979年には第二次オイルショック。前年1月に国民が独裁政治を排除するために蜂起した**イラン革命がきっかけで起きたもの**です。OPEC（石油輸出国機構）が1978年末以降、段階的に大幅値上げを実施。これに翌年2月のイラン・イスラム共和国成立や翌々1980年9月に勃発したイラン・イラク戦争の影響が重なり、国際原油価格は約3年間で約2.7倍にも跳ね上がることになりました。資源を無駄にしない省エネが始まり、日本の物価も再上昇、経済成長も減速しました。

これら3つの危機で、アメリカ一国で世界経済をコントロールすることはできなくなり、各国が団結して経済問題に対処する必要が出てきました。

複数の要因があったブラックマンデー

次いで起きた金融危機が、1987年のブラックマンデーです。

1970年代の度重なるオイルショックで起きたインフレを抑制するために、FRB（米連邦準備制度理事会）は70年代後半から80年代前半にかけて高金利政策を実施します。しかしこれにより過度な米ドル高と貿易赤字の拡大を招くことに。貿易と財政の"双子の赤字"で苦境に立たされたアメリカは、ドル高是正に向けて1985年9月にプラザ合意をとりまとめました。

プラザ合意では、G5（先進国5カ国＝日本、アメリカ、イギリス、ドイツ、フランス）の通貨は対ドルを1割以上切り下げるよう、参加国が協調介入の実施を約束。これによりドル高はドル安へと反転し、米国は輸出競争力を高めることができたのですが、協調介入の目標を超えてもドル安は止まりませんでした。プラザ合意前に1ドル＝240円台だったのが、

第2章 市場経済について

69

約1年半後に150円前後まで下落。ドイツが国内のインフレを懸念して金融引き締めに転じたことにより協調体制の枠組みは崩れ、ドル安不安は一段と強まりました。

当時、先物やオプションといったデリバティブの金融商品市場が発展してきたことに加え、プログラム売買が普及し始め、コンピュータがミリ秒(1000分の1秒)以下の超高速で自動発注を繰り返す高頻度取引（HFT、high frequency trading）が使われるようになっていたことも影響して「売り」が「売り」を呼び、ニューヨーク株式市場の暴落をきっかけにして世界同時株安が発生。ニューヨーク株式市場は508ドル安（下落率22.6%）、日経平均は3836.48円安（下落率14.9%）の暴落となりました。金融緩和を続けた日本では、日経平均株価は半年後の1988年4月には下落分を回復しました。

こうしたマーケットの混乱を抑えるため、グリーンスパンFRB議長はブラックマンデーの直後に「信用秩序維持のため流動性供給の用意がある」と声明を公表し、政策誘導目標金利であるFFレートの緊急利下げを実施。これが功を奏してその後の米株式市場が回復に向かったことで、未知数であった同議長の手腕に対する市場の信認は一気に高まったとされています。ブラックマンデーに対する危機対応が「マエストロ＝巨匠（グリーンスパン氏のニックネーム）」を誕生させたとも言えるでしょう。

ブラックマンデーが生み出したもの

ブラックマンデーを契機にさまざまな制度が新設されることになります。プログラム売買が連鎖的な暴落を起こさないように、ニューヨーク証券取引所に導入された**サーキット・ブレーカー制度**もそのひとつ。これは**一定水準以上の価格変動が起きると、取引を一時停止する**という制度です。

日本の同様の制度を参考にしたもので、冷静に考える時間的猶予を設けて一時的な混乱を鎮め、無分別な追随売りなどを抑制する効果を狙っています。

　ほかにもリスクヘッジ手法が研究され普及していきます。それらは市場の再生や活性化に貢献するいっぽうで、あるものは次の危機の芽を静かに育んでいくことになってしまいます。ブラックマンデーを契機に開発や普及が進んだ CDS（企業の債務不履行に伴うリスクを対象にした金融派生商品、Credit Default Swap）、CDO（債務担保証券、Collateralized Debt Obligation）などは、後にサブプライム住宅ローン問題とそれに続くリーマンショックを引き起こすまでに取引が膨れ上がっていくのです。

90年代の危機

　1997 年にはタイ通貨危機が起こります。タイはまだドルペッグ制（自国通貨と米ドルの通貨レートを一定に保つ制度）であったため、**米国のドル高政策に連動して同国の通貨であるバーツも高くなりました**。しかしタイの輸出が伸び悩み始めてもさらにバーツ高が進行したことに対して、**投資家から「過大評価ではないか？」と疑われたため、売られて下落**。そこからアジア通貨危機を引き起こしました。

　同じくドルペッグ制を採用していたマレーシアやインドネシア、韓国にも通貨危機が波及（アジア通貨危機）。タイ、インドネシア、韓国は IMF（国際通貨基金）や世界銀行、アジア開発銀行等の支援を受けることになります。支援の条件として IMF が課した緊縮財政や高金利政策の結果、これらの国々はマイナス成長に陥り、タイとインドネシアでは政権交代に至りました。IMF による改革案の妥当性は疑問視されたものの、これらの国々において低インフレによる純輸出の拡大等により、1999 年にプラス成長

を回復。危機後、アジアでは**再発防止のための地域金融協力の動きが活発化**しました。

　1998年には、ロシアが財政危機により90日間の対外債務の支払停止に追い込まれました。ソ連解体後の経済混乱を経て、ロシアの経済、財政運営に対する不安が広がるなか、**アジア通貨危機に連動する形でこのデフォルト（債務不履行）が発生**しました（ロシア財政危機）。ドルペッグを維持するためロシアも金利を引き上げる必要に迫られました。当時もいまも資源大国であるロシアですが、原油価格は90年代後半1バレル＝10ドル台にまで低下した局面もありました。そのためロシア財政に対する不安が高まり資本逃避が起きたのです。

ITバブル崩壊とリーマンショック

　2000年に起こったのが、ITバブルの崩壊です。成長著しかったインターネット関連企業の将来性を期待して、米国で通信やIT関連企業の株価が急騰しました。しかし多くの企業には利益の裏付けがなく、事業展開に失敗して破綻したり、不正会計が発覚したりして相場崩壊のきっかけになりました。前述した97年タイの通貨危機や98年のロシアの債務不履行（デフォルト）といった世界経済の動揺に対応するため、米連邦準備理事会（FRB）のグリーンスパン議長は積極的に利下げを行いました。**ITバブルは、こうした金融緩和によってあふれたマネーが株式市場に流れ込んだことが一因**とされています。

　そして2008年にはリーマンショックが起きます。切っても切れないのがサブプライムローンの問題です。サブプライムローンとは住宅ローンの一種ですが、これの裏付けとしてモーゲージ債というものがあります。住宅ローンで金利、償還期限等を一束にまとめ（モーゲージ・プールと呼ば

図2-5 住宅ローンとCDO、合成CDO、CDSの関係

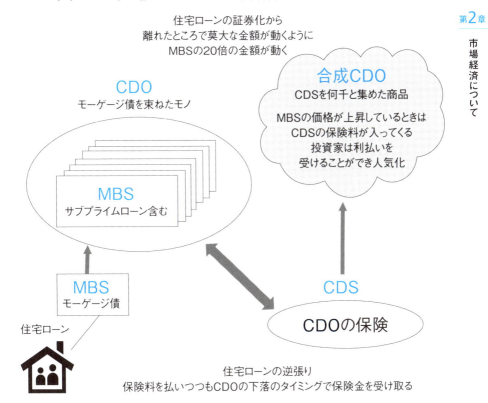

れます)、証券化したものです。しかしこのモーゲージ債だけだと市場が広がりません。なぜなら住宅ローンを組める人だけが対象となるからです。それで本来であれば審査に通らないような**低所得者や破産歴がある人にまで住宅ローンを組ませたのが、サブプライムローン**です。

そしてモーゲージ債とサブプライムローン、国債を含んだCDO(債務担保証券)という商品が市場に出てきます。国債が含まれているので利回りが良いように見えるのですが、「サブプライムローンが含まれているのは危険ではないか?」と考えた人たちがいました。そこで「ここに保険をかける商品があるといいのではないか」と思いついたのです。要するに**「破綻するから、保険金で儲かる」**と考えたのです。それがCDS(クレジット・

デフォルト・スワップ）という商品です。それに留まらず、「CDS をいくつかまとめた商品があるとさらに儲かる」と考えた人たちもいました。合成 CDO と呼ばれるものです。

サブプライムローンという商品を作っても、やはりそれでは「家を買いたい」という契約者にしか売れません。しかしそれとは少し離れた商品を作ることで、住宅ローンの市場、モーゲージ債の 20 倍の金額が動く人気の商品になってしまいました（前ページ図 2-5 「住宅ローンと CDO、合成 CDO、CDS の関係」）。

そして悲劇が起こります。2007 年に割安な変動金利から固定金利になる契約を結んでいた人がほとんどだったので、金利の上昇により「もう払えません」となる人が続出したのです。こうした内情を見ると、日本の不動産とはかなり違いがあることがわかるのではないでしょうか。

そしてこのサブプライムローン崩壊の煽りを受けて、**大手証券会社のリーマン・ブラザーズが倒産して世界同時金融危機を起こしてしまった**のです。

記憶に新しいところでは、コロナウイルスの影響での金融危機も発生しました。外出が制限されたこともあり、外食産業や観光業を筆頭に大きな打撃を受けました。経済学の知見が蓄えられてきているとはいえ、金融危機はいついかなるときに起こっても不思議ではないのです。

余談にはなりますが、映画『マネー・ショート 華麗なる大逆転』『ウルフ・オブ・ウォールストリート』『リーマン・ブラザーズ 最後の 4 日間』という 3 作品は、リーマンショックのことがとてもわかりやすく描かれている上におもしろいので、ぜひご覧になることをお勧めします。

これから起こりえる金融危機

今後起こりえる金融危機として「ブラックスワン」「灰色のサイ」と呼ばれているものがあります。

ブラックスワンとは、金融市場における事前予測が不可能な壊滅的被害をもたらす事象のことです。従来すべての白鳥は白色と思われていましたが、1697年にオーストラリアで黒い白鳥（ブラックスワン）が発見されました。そのことから、従来の考え方や経験からは予測できない事象のことをブラックスワンと呼ぶようになりました。1929年の世界恐慌、1987年のブラックマンデー、そしてコロナ禍などはこれに該当します。

灰色のサイというのは、大問題に発展する可能性が高いにもかかわらず、軽視されているリスクのこと。普段はおとなしいサイが、いったん暴れだすと猛威を振るうことに由来しています。中国の不動産問題＆経済停滞、台湾有事、ウクライナ（原油価格、小麦）、ロシア経済、中東パレスチナ問題（原油価格）などがこれに該当します。

国際紛争などの地政学的リスクを考えると、中国や中東では何が起こってもおかしくありません。ロシアとウクライナの紛争もいまだ解決していません。特に中東に関しては、イランがアメリカを敵対視しているいっぽうで、アメリカの同盟国である日本には比較的友好的な対応をしています。ですからここに関しては、アメリカに追従するのではなく日本独自の外交を展開したほうが賢明です。原油価格に影響して、オイルショックの二の舞にならないよう慎重な外交を期待するしかありません。

このように考えると「あの国で紛争が起こりそうだけど、日本は離れているし関係ない」とは思えなくなるはずです。思わぬ形で私たちの日常に影響が及ぶものですから、そうしたニュースにもアンテナを張っておきましょう。

04 モノの値段はどうやって決まる?

値上げもやむなしの昨今

　最近モノの値段が上がっていることを実感している人も多いのではないでしょうか。しかし、これは原油価格の高騰や原材料の値上がりなどが影響して、原価（図 2-6 「『原価』とは」）が上がっているので仕方がないことです。販売価格を据え置きにしていると、どんどん利益が落ちます。そうなると賃金も上げることができないので、値上げもやむなしといったところです。

　当然、値段というものは需要と供給によって決まります（図 2-7 「モノの値段が上がるとき／下がるとき」）。売られている量よりも欲しい人が多い場合は値段が上がります。逆に売られている量よりも欲しい人が少な

図2-6　「原価」とは

仕入れ価格

仕入れ商品の配送費

人件費

梱包材代

家賃・光熱費

図2-7　モノの値段が上がるとき／下がるとき

い場合は値段が下がります。ですから値上げをするためには、人々に「この値段でも欲しい」と思ってもらえるような付加価値が必要となります。

　消費者としては、値上げを喜ぶ人はいないでしょう。しかし現在の状況を見ると、元の価格の5倍、10倍と上がっているのであれば異常ですが、いまの値上げは経済が好循環（インフレ）に向かっていくなかでは適正だと私は考えます。

　これまでは値上げをしようものならば「とんでもない企業だ」と批判されることが多かったと思います。たとえ原材料費や配送費が上がっても、企業努力で価格はそのままにしておくことが求められていました。けれどどう対策を立てたところで、原材料費や配送費などの原価が安くなるわけではありません。

　ではどこを抑えていたのかというと、人件費です。これまでは人件費が軽視されすぎていました。ところが最近は家庭のお財布を握ることが多いであろう主婦層で「値上げも仕方がない」と容認する人が増えています。企業も人件費を上げないと働き手が確保できません。人手不足で倒産して商品が入手できなくなるくらいであれば、多少の値上げは仕方ないと受け入れる人が増えてきました。この流れは良いことだと思います。

原価率から値段を決める

　仕入れコストや製造コスト、配送費、梱包材代すべてが加算されたものが、商品の原価になります。これらが値上がっているのに販売価格がそのままでは利益が減っていくことはすでに述べましたが、では販売する側としては何を基準に「適正な販売価格」を決めるのがいいのでしょうか。

　極端な例かもしれませんが、他では手に入らない唯一無二の商品やサービスであり、その付加価値が評価されれば値付けは売り手の思うがままでしょう。人気歌手のコンサート会場でしか手に入らないグッズなどは、多少高くても多くのファンはためらいもなく買っていきます。付加価値が認められれば、まさに売り手市場なのです。

　とは言え大半の商品やサービスにはそこまでの付加価値はありませんから、販売価格を決める目安として「原価率」を使って計算する手法が取られます。**原価率とは売上に占める原価の割合**のことです。もちろん商品やサービスによって原価率に変動はありますが、統計的には製造業で約81％、卸売業が約88％、小売業で約71％といった数字があります。ちなみに飲食業では約30％とも40％とも言われています。ただし同じラーメン屋さんという業種でも店によって原価率は大きく異なります。このように業種業態を問わず、あくまで原価率は目安に過ぎません。それで販売

図2-8　原価率で計算

原価1,000円の商品を原価率**3割**で販売したい場合

販売価格	＝	原価	÷	原価率
3,333円		1,000円		3割(0.3)

価格を算出しても、売れなければ値下げが待っているのですから。

　たとえば原価1,000円の商品を原価率3割で販売したければ、

　　原価（1,000円）÷原価率（0.3＝3割）＝販売価格（3,333円）

という計算式で算出します（図2-8　「原価率で計算」）。

05 関税はなぜ必要なの?

いちばん大切なのは自国の産業を守ること

モノを輸入するときにかけられる関税。その目的はふたつです。

一つめは「国として財源を確保すること」。税金ですから国の収入になります。2023年で関税は1.1兆円ほどとなっています。かなり大きな額ですが、他の税収から考えると非常に大きい額でもありません。それよりも、どちらかというと大きな役割は二つめです。

それは**「自国の産業を守ること」**です。関税があることで輸入するモノを制限することができます。**国内の商品を外国商品との競争から守る役割**があります。自由貿易で、魅力的な海外の商品が入ってくることは消費者にとって嬉しいことです。しかしそれだけでは自国の産業が衰退して国力が落ちる原因となってしまいます。ですからFTA（自由貿易協定）などを結びながらも、品目ごとに関税をかける仕組みがあるのです。

スーパーでお肉を買ったことがある人にはわかるように、2020年頃から安価な外国産牛肉が買えるようになっています。これは、2020年に日米貿易協定が結ばれ、牛肉の関税が38.5％から26.6％まで下がったためです。もし関税がなかったら、アメリカ牛は日本産の牛肉より遙かに安くなります。日本が世界に誇る「和牛」のブランド力をもってしても、値段的に太刀打ちできなければ大半の消費者はアメリカ牛ばかりを買うことでしょう。そこでアメリカ牛に関税をかけて、国産の和牛が選ばれる程度にアメリカ牛の値段を「調整」しているのです。

ただ、関税で自国産業を守るのは大切なのですが、守られてばかりのぬ

表2-2　日米貿易協定の主な関税

(%は関税率)

			協定前	協定後
アメリカ→日本	牛肉		38.5%	2033年度に9%まで下げる
	豚肉(安値)		1キロあたり482円	2027年度に1キロあたり50円
	ワイン		15%か1キロあたり125円の安いほう	2033年度になくす
	チェダーチーズ		29.8%	2025年度になくす
日本→アメリカ	乗用車		2.5%	話し合いを続ける
	自動車部品		主に2.5%	話し合いを続ける
	エアコン部品		1.4%	2020年1月からなくした
	めがね・サングラス		2〜2.5%	2020年1月からなくした

るま湯では活性化しません。適度に外界からの刺激を受けることで発展していくものです。ですからそのあたりの適度な加減を探りつつ、関税を決定する交渉が行われているのです。

　表2-2「日米貿易協定の主な関税」を見るとおもしろいことに気づくのではないでしょうか。たとえば協定前に牛肉の関税率が高いのは理解できますが、「チェダーチーズの関税率がとても高いのはなぜだろう？」とか。協定後を見るとほとんどのモノが下がるかなくす方向であるのに対して、自動車関連だけは引き続き話し合いを続けるとか。このあたりは「この商品の関税は安くするから、ここは維持させてほしい」といった両国の思惑や政策、外交などが透けて見えてきます。

06 | 春闘で賃金Upが決定！喜んでいいよね？

タイムラグをどう耐えるのかが問題

2024年の春闘では、大企業は賃上げを実施していく方向で話がまとまりました。第一回回答集計では賃上げ率5.28％と実に33年ぶりに5％を超えました。

しかし中小企業はまだまだといったところでしょう。日銀も3月の段階では「中小企業の賃上げはまだ確認できていないし、確信を持てない」と発言しています。ですから「春闘で賃上げが決定したから、給与が上がるぞ」と喜べる人ばかりではありません。

しかし大企業が賃上げに踏み切ることは間違いありません。そうなると中小企業も賃上げをしないと人材の確保ができなくなります。大企業が賃上げ→中小企業がそれに追随という形になるのではないでしょうか。

もちろんすべての企業が賃上げできるわけではありません。賃上げできないがゆえに人材確保ができず倒産する企業も出てくるでしょう。**インフレというのは「人」「モノ」「お金」この3つのコストが上がるもの**です。現在の日本では金利が上がることで、まずは「モノ」、物価が上がりました。次に「お金」。住宅ローンを組むにしてもこれまでよりはコストがかかる。そして最後の「人」。まだ上がっていない状況ですが、賃上げしないと人が来なくなるので、いずれ上がります。

3つがバランスよく上がっていけば、国民生活自体に大きなダメージはありません。しかし**中小企業が賃上げを決断したとしても、実際に上がるまでにはタイムラグがあります**。「春闘の結果が出ました、来月から給料

が上がります」というわけではありません。それでも物価は上がっている。金利も高くなった。賃金が上がるまでは凌ぐしかありません。

　だから私は、金利を上げるのが少し早かったのではないかと考えています。企業経営者からすると、運転資金を借りたいけれど金利が高くなっているので借りづらい。でも賃金は上げないといけない。そういう板挟みになっています。

　「日本の潜在成長率」という指標があります。企業の生産活動に必要な資本、労働力を過不足なく活用した場合に達成しうる経済成長率のことです。企業の設備などの「資本」「労働力」、企業の技術進歩や効率化による「生産性」という3つの要素で計算するものですが、これが現在は0.7％という低い数字です。この数字よりも下の金利水準を短期金利で維持していれば、緩和的な状況だと日銀は考えています。日銀は日本の潜在成長率はおそらく0.5から1％の範囲にあると想定しているので、「0.5までは下げても大丈夫」という判断をする可能性が捨てきれません。日銀からするとそれでも緩和的という認識ですから。結局、いまだに賃金が上がっているという確認を取れていませんから、金利を上げるとしても半年ごとに0.1ずつというような緩やかな上げ方でないと危険です。

　また、賃上げが実施されたとしても、消費者がそのお金を市場に流通させるか＝買い物をするかといえば、それも不透明です。現状では日銀も「消費は弱い」と言っていますから、使うよりも貯めるほうに国民の意識は向いているのだと思います。実生活で「豊かになったな」と実感する人がまだ少ないということでしょう。2024年6月の所得減税で、少しは実感する人が増えたかもしれませんが。先ほど触れた**タイムラグの時期に政府がやるべきなのが補助金と減税**なので、消費した人が、得をする政策が有効です。キャッシュレスでお買い物した人の所得税を減税するなど、やり方はいろいろあると思います。

07 物価が上がるのに賃金が上がらないのってなんで?

これまでの企業はプールしておきたがっていた

　単純に製造業で商品の値段が上がれば企業の利益は増えるはずです。そうなると賃上げしやすくなるのですが、実際にはそうならない場合もあります。こういったことはなぜ起こるのでしょうか？

　結論から言えば、企業がどの部分にお金を回すかの判断がそれぞれ違うことから起こっているのです。賃金に反映する企業ももちろんあるでしょう。ただ、「大きなショックが起こったときに耐えられるように貯めておく、体力をつける」という動きをする企業が多かったのです。

　しかしこれでは従業員の賃金や配当に利益が反映されないことから、批判的な風潮が強まりました。結果、賃金に反映したり配当に回したりという動きが加速しています。現金を寝かせるのではなく、**資本を効率的に使いましょうというのが現在のトレンド**です。

　効率的な資本の使い方として、成長分野に投資するのが一番です。工場を作ったり、研究資金に回したりということです。次に配当を出す、もしくは自社株を買うのに使う。最後が賃上げです。

　しかし、賃上げも人材に投資するという意味では成長投資ですから、企業の長期成長を考えた場合には無視できないことです。**「人材に投資しなくて何に投資するのだ」**という流れが、ここ最近でやっと出てきました。

　企業が貯蓄に走っていたのは、バブル崩壊やリーマンショックといった

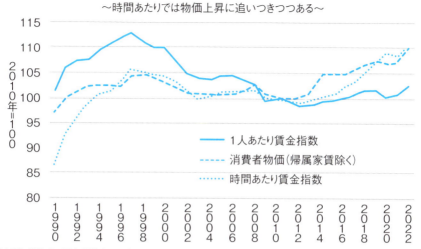

苦い経験があるからでしょう。しかし、徐々にインフレになってきているので、**いまの100万円は10年後にはその価値が減っているかもしれません**。目減りするかもしれないとなると、「だったら投資しようか」という考えになっているのです。

そして、これは企業だけに留まる話ではありません。みなさんの貯金、資産も目減りする可能性があるのです。だとしたら**自分の資産を守るという意味で、投資を検討**するのはこれからの時代避けられないことなのではないでしょうか。これが、みなさんに金融知識を身につけてほしいと私が考える理由のひとつでもあります。

第3章

税金について知る

01 税金はなぜ納めないといけない？どう使われている？

税金の使い道と増税

　みなさんは政治にどれくらい関心を持っているでしょうか？「どうせ誰に投票しても同じでしょう」という人もいるでしょう。総務省の発表によると、20～24歳の投票率は30.69％とすべての世代でもっとも低く、若い人たちの政治に対する関心の低さを物語っています。

　しかし政治に関心があろうとなかろうと、私たちは汗水流して働いて稼いだ給料から税金を納めています。自分のお金に直結した問題です。「私たちの税金はどのように使われているのか？」「それは正しい使い方なのか？」と、気になりませんか？ そうなれば政治関係のニュースにも関心を抱くでしょうし、投票所にも足を向けるのではないでしょうか。そしてそれが、日本の国を良くすることに結びつくのだと思います。そこで、ここからは税金について書いていきます。

　税金は年金、医療、道路整備、ごみ収集など私たちの生活に関係があることに使われています（図3-1「消費税の使途」）。こうした

図3-1　消費税の使途

公共サービスは、あってあたりまえのものですが、**税金がなくなるとサービスもなくなってしまいます。**もちろん生活に関係した分野だけでなく、たとえば自衛隊の活動など防衛の面にも税金が使われています。外国からの侵略に対する抑止力になるだけではなく、災害時の救援活動など、やはりこれも日本の国になくてはならないものです。

　ちなみに世界的にはGDPの２％を防衛費に回すのが一般的ですが、現在の日本では１％なので、それを２％にまで上げようとする動きがあります。自衛隊に関しては賛否両論あるものの、警察も含めてそうした力を国が持っておかないと、他国からの侵略や犯罪が横行するリスクが高まります。ですからこうした力を持つことは必要とされる面もあります。

　たとえば防衛費を上げる場合、現状の税収のままであればどこかを削るしかありません。あるいは税収を上げる道もあります（日本の場合は税収を上げる方向に動くことが多い）。よく「●●税が何月から上がる」という報道がありますが、増税するとして「何をどれくらい上げるのか」をどう決めているのか不思議ではありませんか？

　増税に関してはいろいろな意見がありますが、ベースになっているのは「日本のバランスシートを見た場合、負債も多いけれど資産もある。そこまでバランスが崩れているわけではないので、増税して黒字に戻す必要はないのではないか？」という考えです。**日本の国債（要は国の借金です）はほとんどが国内で保有されているので、外国からの圧力に影響されて財政が悪化することはありません。**ですから現状は増税する必要はないということです。

　増税すると人々の財布のヒモが固くなり、経済が不活発になるので、増税しないほうがいい。コロナ禍が明け、やっと日本経済が立ち上がろうという2024年春、マイナス金利が解除されて金利が上がりました。ここで増税して、追い討ちをかける形で負担を国民に強いるのは得策ではありません。

第**3**章
税金について知る

たばこを例に、増税のカラクリを説明します。まず「２兆円の税収を確保したい」という目標設定があるとすれば、一気に増税するのではなく段階的に緩やかな上げ方をしていきます。「税が上がれば吸う人が減るから、国民の健康状態も良くなる」というロジックの元、「ここまで増税すれば、吸う人がこれくらいの数になる」と税率や税額を試算しているのです。たばこの値上がりが何年かごとに話題になるのはこのためです。増税分が値上がり分の大半を占めています。これは発泡酒も同じで、不満が出づらい嗜好品の分野で増税していく傾向にあります。たばこを吸わない、お酒を飲まない人からすれば、増税されても何の痛みもありません。嗜好品なら、時の政権の評判が悪くなる心配もあまりないというわけです。

　少し話は逸れますが、JT（日本たばこ産業）やビールメーカーは増税されていくなかで、新たな取り組みに奮闘しています。たばこやアルコールを買う人が減るような増税をされるのであれば、経営の柱となる新商品が必要だからです。サプリメントや医薬品、加工食品など、さまざまな分野への進出を試みています。

　次に「標的」にされるのは、「糖分」だと見られています。WHO（世界保健機関）は糖分の摂取を「総エネルギー必要量の10％未満に抑えること。さらに健康効果のためには５％未満まで減らすこと」と勧告しています。そうなると糖を含む製品が増税される流れが容易に想像できます。アメリカほどではないにしても、日本でも肥満の人が増えている事実がありますので、遠からず増税されるのではないでしょうか。

税金の無駄遣いと言えば……

　よく税金の無駄遣いとして挙げられるものに、地方の箱物があります。公共事業によって建設された施設（競技場やプール、美術館、博物館、劇

場など）のことです。作ったものの利用者が少なく、「これは要らなかったのではないか？」と疑問を持たれるような施設です。

　それを解決するためにイギリスで考えられた PFI（Private Finance Initiative）という手法が取り入れられています。内閣府のホームページから引用すると「民間の資金と経営能力・技術力（ノウハウ）を活用し、公共施設等の設計・建設・改修・更新や維持管理・運営を行う公共事業の手法です。あくまで地方公共団体が発注者となり、公共事業として行うものであり、JR や NTT のような民営化とは違います」とされています。

　こうした動きはどんどん活発化しており、例を挙げると名古屋の愛知国際アリーナは開発段階から運営に至るまで民間に委託されています。2025 年夏のオープンを目指して建設中の施設ですが、委託された民間企業がいろいろな企業から協賛を集めたり、アメリカの大物歌手を招聘する計画があったり……官ではなかなかできないことを次々と計画しています。これこそ民間に任せる大きな理由です。

　関西国際空港もそうです。オリックスとフランスの大手建設会社バンシが運営を任されています。空港事業は確実に儲かるものです。しかし儲かるとはいっても、運営のノウハウがなければリスクは当然大きくなります。そのリスク込みでやれると手を挙げた企業は、オリックスしかありませんでした。いまとなっては、多くの企業が空港事業に参入したいと考えています。

　ほかにも、有料道路の運営を民間に委託したらパーキングエリアを魅力的な作りにして利用者が激増している事例など、公共事業に民間企業が参入して有効活用する成功例が数多く生まれてきたため、現在では箱物に対する批判は沈静化してきました。

02 国税と地方税の違いは？

税の種類

　私たちが納める税金にはいろいろな種類があります。ここでは国税と地方税の違いについて解説します。大きな違いは国税が国に納めるもの、地方税は地方自治体に納めるものということ。国税は「所得税」「法人税」「相続税」「贈与税」「消費税」「たばこ税」「酒税」「自動車重量税」など。地方税は「住民税」「自動車税」「固定資産税」「地方消費税」「地方たばこ税」「ゴルフ場利用税」などです。

　これらを見ると「消費税が二重で取られているのでは？」と疑問を感じるかもしれません。そうではなく私たちが店舗で支払った消費税のうち、約8割が国に収められて残りが地方に収められているということ。この処理は店舗が税務署に申告する際に行われるので、私たちが何かやるわけではありませんし、重複して取られているわけでもありません。

　国税で大きいものは、所得税21兆円、法人税14兆円、消費税23兆円。これで国税の半分以上を占めます。それらが何に使われているかというと、社会保障に36兆円、公共事業に6兆円、文教および社会振興に5兆円、防衛に10兆円。これらで半分くらいです。

　そうした税収がどのように推移しているかを表したのが図3-2「所得税、消費税、法人税収の推移」です。**消費税が右肩上がりなのに対して、法人税は下がってきています。**所得税も緩やかに下がっています。経営者にとってはありがたいでしょうが、一般消費者からすると生活が厳しくなるので困りものです。しかし「どこを減らして、どこを増やすか？」となっ

たときに、消費税を増やす方向で動いてきたのです。

　法人税が下がれば企業は楽になります。そうであれば、そこで働く人たちに賃金として還元される可能性があります。さらに法人税率が下がったことで、企業の収益が上がって所得税の納税額自体が増える可能性もあります。そうなると税収アップで国にとっては良いことです。一方で一般消費者からすると、消費税は上がっている。

　そうした相関関係を把握したうえで法人税減税のニュースを見ると、これまでとは違った視点で考えられるのではないでしょうか。たとえば「法人税減税は消費税増税に繋がりはしないか」だとか、法人税以外の**ほかの報道とも絡めて考える**ことができるようになると思います。そんな、多角的な見方を持つべきです。

　法人税が下がることで、海外の企業を誘致しやすくなる側面もあります。現状では海外と比べて格段に法人税率が低いわけではないので、積極的に

参入する海外企業はないかもしれません。しかし衰退しつつあるとはいえ日本の市場はまだまだ魅力的ですし、「他国と比べて決して高くないですよ」と言えるレベルまでには下がっています。

早めの相続対策が必要

　国税で個人が注意したいのは相続税です。以前、都心部の土地を相続した人が、相続税を払いきれないので土地を処分しようとしたものの、それでも税を払えるだけの価格がつかなくて困っているというニュースがありました。できれば生前から少しずつ資産を分配していくのが理想的です。その際には贈与税の基礎控除である**110万円（年間）以内で資産を分けていく**のがよいでしょう。ただこれには時間がかかります。2,000万円の資産があるのであれば、贈与税がかからない範囲で行う場合18年以上の時間が必要です。ですから早めに対策を取っておくべきです。加えて、配偶者にかかる相続税がゼロになる制度もありますので、活用しましょう。

　相続税が現在の仕組みになっているのは「生まれた家による格差をなくしたい」という理由のようです。アメリカのように格差が固定化されることを嫌っているのでしょう。しかし日本の場合は「あるところから取ろう」となっているのが問題だと思います。

　たとえばアメリカのコネチカット州ではベビー・ボンドという制度が導入されています。低所得者家庭に生まれた新生児1人につき最大で3,200ドル（1ドル160円換算で51万2,000円）を信託口座に入金する制度です。このお金は18歳になった時点で、州内での住宅購入、起業、投資、高等教育や職業訓練、老後の資金としての貯金に使えます。同じ制度がワシントンD.C.でも採用されることが決定しています。また名称は違いますが、同様の制度がカナダにもあります。こうした「取ろう」ではなく「与

えよう」という政策が採用されてもいいのではないかと思うのですが、日本はなかなかそうした方向に考えが向きません。

第3章

税金について知る

03 | サラリーマンは 確定申告不要なの?

確定申告で節税

　確定申告というと、自営業者やフリーランスなどの個人事業主がやるもので会社員には必要ないと考えている人がいると思います。また「確定申告は面倒だからやらない」という人もいるでしょう。しかし、会社員でも確定申告をやるべき人たちがいます（図3-3「自分で確定申告をする必要がある人」）。

　その対象は「年間の給与収入が2,000万円を超える人」「副業の所得が年間20万円を超える人」「2カ所以上から給与の支払いを受けている人」です。それ以外の人は会社が年末調整をしてくれるので関係ありません（会社員を含め確定申告が必要な人をまとめたのが下の「自分で確定申告をす

図3-3　自分で確定申告をする必要がある人

- 自営業者やフリーランスなどの個人事業
  - 年間所得が48万円を超える人

- 給与所得者
  - 給与収入が年間2,000万円を超える人
  - 副業や不動産所得など給与所得以外の所得が年間20万円を超える人
  - 2カ所以上から給与の支払いを受けている人

- 日雇い労働者や単発のアルバイト
  - 源泉徴収されておらず、年収が103万円を超える人

- そのほか
  - 日本国内に住所がない人や、国内の居住期間が1年未満の人
  - 災害減免法により源泉徴収の猶予などを受けている人

る必要がある人」です）。

　ただ例外的に、年末調整を会社にしてもらっていても確定申告が必要になる人もいます。たとえば**医療控除を受けたい場合、年末調整では対応できません。自分で確定申告をする必要があります。**

　副業に関して言うと、会社にダブルワークとして認められているものだけではなく、**フリマサイトなどで年間20万円以上の収益が上がった場合にも必要**です。「これは個人売買だから申告の必要がない」というわけではありません。

　確定申告は面倒だと感じる人が多いことでしょう。確かに不慣れだと何をどう書いたらいいのかわかりません。しかしそれでもやるべき理由としては、**「お金が返ってくる」つまり「節税対策」になる**からです。申告すればいくらかのお金が返ってくるのですから、やらない手はありません。

第**3**章

税金について知る

04 絶対やるべき節税

住宅ローン減税とふるさと納税

　ほかに会社員でもできる節税として、住宅ローン減税やふるさと納税、医療費控除などがあります。ここでは住宅ローン減税とふるさと納税について説明します。

　住宅ローン減税は、ローンの残り額によって減税額が変わってきます。残額が大きいほど免除が受けられるので、最近では頭金をほとんど入れずに住宅ローンを組む人が増えています。**年末の住宅ローン残額の最大0.7％が所得税から還付**されます。控除しきれなかった金額は住民税から還付されることになります。

　ふるさと納税は2,000円以上の寄付金に対して寄付金控除を受けることが可能です。これに加えて、寄付による返礼品ももらえます。ただし、控除の対象になる金額は所得に応じて定められているため、寄付金の全額が控除されるわけではないことを覚えておきましょう（図3-4「ふるさと納税の仕組み」）。

　少し脱線しますが、本来のふるさと納税は「この地方を応援したい」という気持ちで行うのが正しい姿勢です。たとえば「能登半島地震で被害を受けた自治体を応援したい」というように。しかし最近では返礼品目的が増えているような……。それが一概に悪いと言い切るわけではありませんが、本質からかけ離れていっているような気がしてなりません。ただふるさと納税の市場も1兆円くらいありますから、それだけのお金が回っていることは経済的に良いことです。

図3-4 ふるさと納税の仕組み

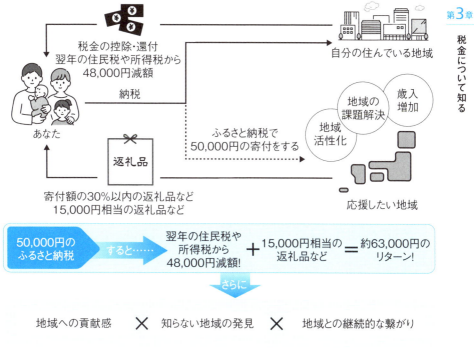

表3-1 ふるさと納税と他の寄付との違い

ふるさと納税	その他の寄付	
	寄付金控除が	
	受けられる	受けられない
・寄付金控除が多い（特例控除＝住民税所得割額の1割が上限） ・返礼品で特産品などがもらえる	・公益社団法人、社会福祉法人などへの寄付 ・認定NPOへの寄付 ・政治活動に関する寄付 ・日本赤十字社などへの寄付	・街頭やレジ横の募金 ・学校入学に対する寄付 ・領収書がない寄付 ・クラウドファンディング（個人・企業）への支援金

　ここで考えてみてほしいことがあります。「ふるさと納税が好調な自治体にはどのような公共サービスがあるか」ということです。当然その自治体は財源が豊かになっています。ですからほかの自治体にはないサービスがある、補助金があるというケースが考えられます（好調であるにもかかわ

らず住民に還元していない自治体があるとしたら、それは話になりませんが)。

　たとえばあなたが東京に転勤が決まったとします。「都内は家賃が高いから通勤1時間くらいになる県に住もう」と考えた場合に、公共サービスが充実したところに住みたいのではないでしょうか。マイホームを買うときもそうですね。その際に「ここはふるさと納税が好調だから、公共サービスがいいのではないか」と調べてみる。そういった視点を持つことも大切だと思います。

投資も控除の対象になる

　こうした節税対策とは別に、投資も節税の対象となります。

　たとえば最近よく耳にする**新NISA**は、個人投資家のための税制優遇制度。通常は株式や投資信託などは利益に20%の税金がかかります。しかし「NISA口座(非課税口座)」内で購入した金融商品から得られる利益については非課税です。

　また**iDeCo(個人型確定拠出年金)も節税対策**となります。iDeCoとは証券会社が設定する限度額内で積み立て、運用を行い60歳になってから利益分と元金を受け取ることができる投資のこと。つまり「自分で作る年金制度」と言えるものです。

　通常の投資とは違い、原則として60歳になるまで引き出すことができません。積立金のすべてが「所得控除」の対象となるため、所得税や住民税が節税できるほか、運用で得た定期預金利息や投資信託運用益も「非課税」です。

　また、将来的に利益分と元金を受け取る際も、「公的年金等控除」「退職所得控除」の対象となるため節税効果が大きいものです。

図3-5 寄付金控除の節税効果

所得税
- 所得控除
  (寄付金額－2,000円)×所得税率(5～45%)
- 税額控除
  (寄付金額－2,000円)×40%か30%

住民税
(寄付金額－2,000円)×最大10%

認定NPO法人に年間5万円寄付した場合

所得税 ※税額控除を選択
(5万円－2,000円)×40%=1万9,200円

住民税 ※都道府県、市区町村の指定を受けている場合
(5万円－2,000円)×10%=4,800円

計2万4,000円が税金から控除される

NPO法人などへの寄付も控除の対象となります。図3-5「寄付金控除の節税効果」をご覧ください。

ベンチャー企業への投資にも優遇税制

　創業間もないスタートアップ企業への投資を促進するために設けられたエンジェル税制(ベンチャー企業投資促進税制)という優遇税制もあります。税制上の優遇には、投資金額が課税対象となる所得金額から控除されたり、株式譲渡益から控除されるケースなどがあります。つまり投資した時点と株式を売却した時点の、2回にわたり税制上優遇されるというわけです。

　スタートアップ企業の株式を売却して損失が出た場合、あるいは上場しないまま破産や解散して株式の価値がなくなった場合は、その損失を翌年以降3年にわたって繰り越しできます。

　個人が当該企業の株式を直接取得するケース以外に、認定投資事業有限責任組合や認定少額電子募集取扱業者という経済産業大臣の認定を受けた

組合や事業者を経由しての投資もあります。

　手続きが煩雑で必要書類も多いためハードルが高いと言えば高いのですが、こうした煩雑さは徐々に緩和されています。

第4章

金融知識の基礎

01 株の基本

株式会社とは？

　金融商品のひとつである株についてはみなさんご存知でしょうが、改めて「株とは何？」というところから話を始めたいと思います。

　簡単に言うと、株とは**会社の設立や増資の際に発行されるもので、それを買ってくれる人（株主）を募集します。そして集めた資金で会社ができたり資本金が増えたりする**という仕組みです。その起源はオランダで作られた東インド会社です。

　これから航海に出るために大きな資金が必要となる。そこで株主を募集したのです。当然遭難して帰って来られないといったリスクもあるけれど、無事に帰ってきた暁には莫大な利益が見込める。リスクもはらんでいますが、リターンは大きい。現代で言うならば、これから成長して上場し、さらに大きくなるという目標を持っている会社に「応援します、頑張って」という意味合いで株主がつくというイメージです。

　ただし利益が上がったからといって、それをすべて配当に回すわけではありません。「今回の利益は設備や新事業のための投資に使わせてください」という会社もたくさんあります。あくまで目安ですが、大手企業の場合は利益に対して毎年30％くらいは配当に回すという考え方で動いています。

　もうひとつ、持っている人が受け取れるメリットに株主優待という制度があります（図4-1「株主優待の仕組み」参照）。

　たとえばある大手航空会社では、国内線が50％割引で利用できる株主

図4-1　株主優待の仕組み

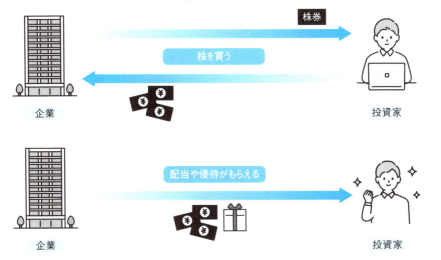

割引券と海外パッケージツアーが８％割引になる旅行商品割引券を発行しています。ほかにも化粧品会社が自社の化粧品を提供したり、食品メーカーがゼリーを提供したりしています。このように、配当以外にメリットがあるモノやサービスなどを提供するのが株主優待です。

　自社の業種に関係する商品が株主優待の場合はいいのですが、クオカードなどを株主優待にしている企業の場合「だったらその分を配当に回せばいいのに」という考えもあります。

株で儲けよう！は危険な考え方

　株価が上下するのは、どういう仕組みによるものでしょうか。これは２章の「04　モノの値段はどうやって決まる？」で触れた需要と供給の関係と同じです。株を買いたい人の数が売りたい人の数を上回れば、株価が上がります。逆に買いたい人が売りたい人より少なければ、株価は下がり

図4-2　株式会社の仕組み、株の価格が上下する仕組み

需要（買い）が供給（売り）より多ければ株価が上がり、供給（売り）が需要（買い）を上回れば株価は下がります。これは、モノの値段が高くなったり安くなったりするメカニズムと同じです。

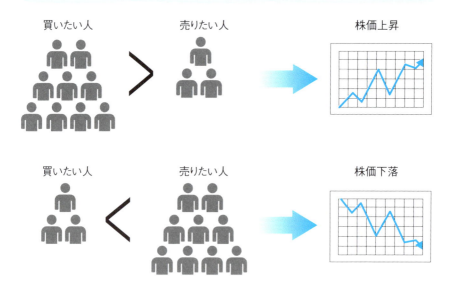

ます（図4-2「株式会社の仕組み、株の価格が上下する仕組み」）。不祥事など良くないニュースによって株価が下がることはありますが、財政的に問題がなければ時を経て戻ってくることが多いです。また、画期的な商品が販売されると株価が上がります。

ただここで注意したいのは、「**株で大儲けしようと考えるのは危険だ**」ということです。そもそも株で大きな利益を得るのはとても難しいことです。**専門家であっても「この会社の株は絶対に大きく上がる、下がる」という予測は難しいのです。ですから株に投資するのであれば、「緩やかに資産形成していく」という考えでいくべきです。**

とは言え、株で大きな利益を出した人もいます。しかしそれは本当にごく一部の話であって、「この企業で一山当てよう」という考えは大変危険です。

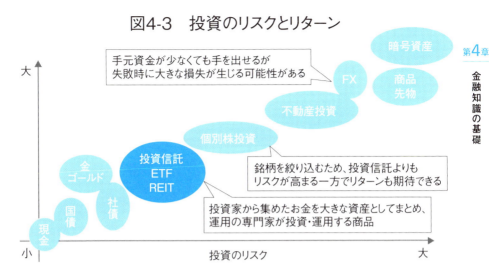

図4-3 「投資のリスクとリターン」に、投資先ごとのリスクとリターンをまとめました。株式投資は暗号資産や商品先物取引よりはリスクが少ない分、リターンもそこそこ。国債や社債に比べるとリスクは高い一方で、リターンは期待できることがわかると思います。

証券会社の役割

私たちが株を買おうという場合、証券会社がかかわることとなります。銀行でも投資信託を買うことはできますが、ソフトバンクだとかトヨタのような個別の企業株は証券会社を介してしか買えません。

証券会社は株を買いたい人や売りたい人を集め、注文を受け付けて証券取引所へと取次ぎ、仲介手数料を得ることが主業務です。ただ、最近では「手数料無料」を謳うネット証券が出現しています。株取引の際の手数料収入は証券会社の基本的な収益源でしたが、この構造が変化してきたのです。そこで証券会社は、企業が上場する際に包括的にアドバイスする

IPO（Initial Public Offering＝新規公開株式）支援や投資信託の報酬（信託報酬）、顧客に資金や株式を貸し出す信用取引によって得られる金利収入など、さまざまなサービスで収益を得るスタンスにシフトしています。

どんな企業に投資すればいい?

　さきほど「緩やかな資産形成」を目指して株に投資すべきと書きましたが、ではどんな企業に投資すればいいのでしょうか？ 基本となるのは「**自分が応援したい企業の株を買う**」こと。当然ですが、その際には業績も見ておかなければなりません。いくら応援したい企業、好きな企業といっても業績が右肩下がりでは倒産する可能性があります。それでは、せっかく買った株は紙切れ同然になり損をしてしまいますから、まずは売り上げと利益がともに拡大しているかを見ておきましょう。

　そしてもうひとつポイントとなるのが「**その企業が何で利益を出しているのかがわかりやすいこと**」です。これは投資の神様と言われるウォーレン・バフェット氏が唱えていることで、「何で稼いでいるかわからない会社、わかりにくい会社には投資をしない」ことをバフェットはポリシーにしています。**自分が理解できるビジネスモデルの会社に投資する**ことを心がけるとよいでしょう。トヨタであれば車を作る。コカ・コーラなら飲料を売る。非常に明解です。そういうわかりやすい企業の株を買うのが鉄則です。

　個人投資家ではなく機関投資家の話になるので余談にはなりますが、SDGsへの取り組みが甘い会社の株をあえて購入するケースがあります。株をある程度保有することで、有力な「モノ言う株主」になる。ある意味監視するような目的で株を購入することがあるのです。個人の投資額では企業に大きな影響を与えることはできませんが、こういった動きも出てきていることを覚えておくと株の見方が変わります。

もうひとつ投資のポイントを挙げると、**大きなお金を動かす人の動向を注視する**ということ。一例を挙げると、これまで日本の商社の実態をよく理解していない人が多かったのですが、バフェット氏が注目した途端に「我も我も」とみんなが商社の株を求め始めました。先ほど「何で稼いでいるかわからない会社、わかりにくい会社には投資をしない」と書きましたが、自分が理解できなくても投資家として大成功を収めている人が注目している企業であれば、その株は買うに値します。

バフェット流エコノミック・モート

投資を考えるにあたって、バフェット氏の考え方は非常に参考になります。それをまとめたのが図 4-4 「バフェット流 エコノミック・モート」です。エコノミック・モートとは、「構造的に優位性を持つ企業は持続的

図4-4　バフェット流エコノミック・モート

❶無形資産・ブランド価値
コカ・コーラ、ディズニー、ナイキ
強力なブランド

❷乗り換えコスト
セールスフォース、インテュイット：会計
マイクロソフト、アマゾン：クラウド
アドビ：フォトショップ、医療機器など

❸ネットワーク効果
ビザカード、マスターカード
利用者の増加で価値が上がる

❺効率的な規模
ユニオン・パシフィック鉄道
企業の絶対的な大きさではなく
ニッチ市場で高シェア

❹コスト優位性
ウォルマート
コストコ、ホーム・デポ
マクドナルド、スターバックス
規模の経済
プライベートブランド

な収益の獲得が期待される」という考え方です。

　何で利益を出しているかがわかりやすい＋バフェット流 エコノミック・モートの5つのポイントを見ながら株への投資を考えていくのが理想的です。この図に示してあるのは「参入障壁が高い企業とはどういうものか？」ということ。**参入障壁が高い＝構造的に優位性を持つ企業に関しては、ほかの企業が出てきたとしても勝ち続けることができます。**

　まずは「無形資産・ブランド価値」です。コカ・コーラ、ディズニー、ナイキなどは、ブランドによって買われています。そのブランドに信頼がある。そうした「ほかでは追いつけないようなブランド価値がある企業」を探してみるのもおもしろいと思います。

　次が「乗り換えコスト」。病院の電子カルテやセールスフォースなどの会計システムは、一度導入すれば乗り換えに大きな金銭的コストと手間がかかるので、なかなか乗り換えられません。同じようにクラウドサービスのマイクロソフト、アマゾン・ドット・コムも同じです。命にかかわる医療機器も乗り換えコストが高まります。

　3つめは「ネットワーク効果」です。ビザ、マスターなどのクレジットカードは、利用者が増えるほど企業価値が上がるもの。Amazonなどのモール型通販サイトでは、出店者が増えることで買い物客も増える。利便性が増して、サービスの価値が高まる。やがて、競合の追随を許さない地位を占めることになります。

　4つめ、「コスト優位性」です。コストコやマクドナルドのように、店舗を多く持ち、大量発注できる小売店や飲食業は、仕入れ値が安くなります。結果、販売価格が抑えられて、安くて良い商品を提供できる。コストコやマクドナルドと同等のクオリティーを保ちながら、同じような価格で勝負できる企業はほとんどありません。そうした誰にも負けないコスト優位性があるかどうかも、投資の判断基準となります。

　最後が「効率的な規模」。ニッチ市場であっても圧倒的なシェアを誇っ

ている企業の株は価値があります。たとえば地方の電鉄、路面電車のような独占市場に近い事業を営む企業。図にあるユニオン・パシフィック鉄道は全米最大の鉄道会社で、たとえば2006年から2020年の間に株価が7倍近くに高騰しています。ここまででなくても、意外な業界でトップシェアを誇っている地方の企業があります。そうした企業のことも気にかけておくべきです。

　これらが全部当てはまる企業でもいいですし、どれかが当てはまる企業でもいいのですが、こうした「エコノミック・モート」をベースに投資の神様は考えているのです。よりリスクを抑えた形での資産形成の助けとなるので、ぜひ採り入れてみましょう。

株の売り買いはPER＝期待値で判断

　株式投資をしてみようと思っている人には、こういう疑問があるのではないでしょうか。「いつ買って、いつ売ればいいのか？」。個別の企業で説明すると複雑な話になるので、ここでは日経平均について書いていきます。

　株の売り買いはPERで判断できます。PERとは投資家の期待値を表すもので、Price Earnings Ratioの略。「株価収益率」のことです。「株価がEPS（Earnings Per Share ＝ 1株あたりの利益）の何倍の価値になっているか」を示しており、現在の株価がその企業の利益と比べて高いか安いかを判断するのに使われます。

　次ページの図4-5　「日経平均、フェーズが変わっている」で見てみます。

　このグラフの中にある「利益」はEPS（1株あたりの利益）を表しています。それが2024年で2,200円。日経平均株価の算出元である225社の、1株あたりの平均利益が2,200円くらいということです。これにPER、何倍を掛けるかということで、その年の株価の上値と下値が予想で

出所:日本金融経済研究所作成

きます。

　過去の例で言うと、2022年は日経平均のEPS（1株あたりの利益）は2,100円でした。翌年は日経平均のEPS（1株あたりの利益）が10％ほど増益していたので、10％を掛けて予想しましたが、2,360円という結果になっています。

　アベノミクス以降、期待値は11〜16倍で動いていたのですが（PERの適正値は14倍と言われています）、2024年は17倍まで上がってきました。これまでに見たことがない数値です。こうなった要因は**デフレから脱却して日本経済が変わると投資家が期待しているから**です。今後の動き次第で11倍まで下がる可能性もありますが、12倍くらいで落ち着くかもしれません。

　この**期待値が高いときが売り時、低いときが買い時**ということになります。先ほどの「2024年は17倍」を考慮に入れると、日経平均の上値は4万4,000円。もし期待値が18.5倍くらいまで上がると、4万5,500円です。下値を期待値12倍で試算すると3万1,000円。

こうした見方ができたら、売り時買い時の判断ができます。難しいのは適正値とされる14倍のときです。ここから上がるかもしれないし、下がるかもしれない。非常に判断しづらい状態です。

バブル期のPER＝期待値は70倍!

過去の話になりますが、バブルの時期は期待値が70倍というとてつもない数字でした。ただこのときは実体が伴っていませんでした。だからバブルは崩壊したのだと思いますが……。それからすると現在の期待値は健全なものだと言えます。海外の投資家が日本経済に期待する気持ちがあって、2024年は17倍という数字が出ているのかもしれません。いずれにしろバブル期とはまったく違い、実体があるものなのでその点は安心できます。

バブル期のことを考えると、期待値はビールのようなものでした。コップにビールを注いで、あまり中身は入っていないのに泡が溢れて膨れ上がった。つまり実体からかけ離れた異常な値段がついていました。しかしいまはコップにビールがきちんと入っている。いくら株価が上がっても、実体とそれほどかけ離れていない。そういう違いがあるのです。

02 投資と融資の違い

投資された資金は返さなくてもいい

　投資と融資、どちらも資金を調達する手段ですが、簡単に違いを説明します。**融資は「金融機関からお金を借りる＝負債を負うこと」。いずれ利子をつけて返さないといけません。**

　それに対して投資は、利益を見込んだ人にお金を投じてもらうこと。この**投資はバランスシート上、企業の自己資本と言われる株主資本の部分に含まれます。負債には入りません。**乱暴な言い方をすれば「**返さなくてもいいお金**」と言えます。企業をスタートアップさせるときに、何十億円というお金を用意したのに頓挫してしまった。そんな場合でも返さなくていいのです。

　日本では「あの人は信用できそうだから」ということで投資が始まり、そしてVC（ベンチャーキャピタル＝未上場の新興企業に出資して株式を取得し、将来的に株式を上場したら売却して大きな値上がり益を目指す投資会社や投資ファンドのこと）が入り、最終的に大手金融機関も参画し上場を目指す。そういう流れになります。

　これまで日本ではスタートアップへの投資があまり行われていませんでした。その結果、アメリカのGAFA（Google、Apple、Facebook、Amazon）のような企業が誕生しませんでした。その反省から、いまではスタートアップに資金を投入していこうという動きが出ています。

　世界中で似たようなアイデアを持つ人はたくさんいます。海外の革新的なサービスと同様のものを思いつく人は日本にも当然います。しかし資金

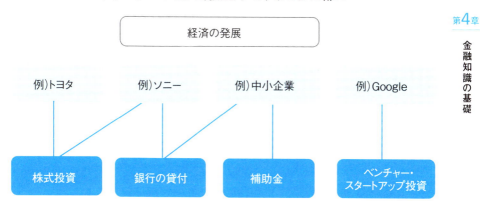

図4-6　お金を融通する人たちは誰?

がないとシステム開発もできない。広告も出せない。お金がどうしても必要になってくるのです。

　私たちが企業に投資するのは、基本的には上場した後。スタートアップ時に投資するのは会社、もしくは個人でも**エンジェル投資家と言われる富裕層**です。最初の段階でVCや大手金融機関は入ってこないので、「10のうち1つでも当たればいいかな」と考えることができる、新しいアイデアを応援したいという人たちがスタートアップを支えているのです。企業がスタートアップする際の資金調達に関しては、図4-6「お金を融通する人たちは誰?」も参照してください。

　当然ですが、スタートアップの投資にはかなりのリスクが伴います。それだけにリターンも大きくなるのです。上場前に株を手にしているので、上場を達成した暁には10倍とか50倍というリターンが返ってくる。富裕層がさらにお金を持つようになる側面があるため、嫌悪感を抱く人がいるかもしれません。しかし新しい芽を育む、経済を回すという観点から考えると、非常に大切なことです。そうした富裕層が「**お金を融通している**」。だから「金融」と言われるのです。それで経済が回っています。

　融資にはある程度の限界があります。いずれ必ず返してもらわないとい

けないので、企業の財務状況を的確に判断しないといけません。革新的な
アイデアを持っているけれど、まだ会社の体をなしていない人がいたとし
ても、その人にまでお金を回すことはできません。そういう背景があるか
らこそ、富裕層からの投資は大切なことなのです。

03 投機とは？

第4章
金融知識の基礎

短期で「濡れ手に粟」を狙う

　経済系の話を聞いていると「投機」という単語が出てくることがあります。「投資」と似たような言葉ですが、その内容には大きな違いがあります。

　投資は業績、実態、経営者などを見ながら長期的な視点で「成長しそうだ」と思える企業にお金を投入しますが、**投機では「一山当ててやろう」という思惑で短期的な価格変動を狙って資金が投入されます。**その担い手は、世界の金融市場で活動する「投機筋」と呼ばれるヘッジファンドなどのプロ集団。株式市場に限らず先物取引や為替など、世界の各市場で活動しており、その動向は日経平均株価に大きな影響を与えています。当然、金融知識やスキル、そして資金力は、一般の個人投資家とは比較になりません。彼らの思惑や動きを読み切れるのなら話は別ですが、投機には手を出さないほうが賢明です。

　株も短期の値動きを追うと「投機的だ」と言われます。**資産形成は農業、田植えのようなものです。じっくりと育てていって成果を期待するもので、**短い間に大儲けを狙うのはとても危険です。どれほど優秀な企業でも、短期で目覚しい成果を上げることはありません。年単位で緩やかに成長していく。株を買う際にもそのことを念頭に置いておきましょう。

　投資の世界に現在導入されている比較的安全な仕組みは、それほど大きなリターンが出るわけではありません。ですから**「時間を味方にしましょう」**といろいろな人が言っています。そこから足を踏み外さない。それが重要なことです。

117

危機と株価

　第2章でこれまでの金融危機を振り返りました。ここではもう少し長いスパンでの金融危機と株価の関係を見てみます（アメリカの株価を例にします）。

　1929年の世界恐慌の際、まだ経済学的知見もそれほどなかったため、株価は83％も下落しました。どうやって経済を立て直したらいいか誰にもわからなかったので、これほどの大暴落が起きてしまったのです。

　そこまでいかなくてもオイルショックで43％下落、リーマンショック（このときはお金を市場に出しすぎてバブルの状態になっていました）で50％下落しました。しかしコロナ禍では、これまで学んできたことが活かされて20％の下落で済みました。しかもそこから1年で高値を更新したのです。金融危機が起こったときにできるだけ株価の下落を抑えて、早期に値を戻すことに取り組んできた、その答えが出てきています。

　日本もアメリカ経済をお手本にしているのですが、少しズレた施策をしてしまったがためにコロナからの立ち直りが遅くなってしまいました。ただこの先、よほどおかしなことをしなければ回復していくだろうと予想されます。おかしなことというのは、財政出動をあまりやらないとか、金利をどんどん引き上げていくようなことです。アメリカはたくさんお金を使って経済を回す財政拡大を続けてきました。拡大傾向が進みすぎると金利を上げてコントロールする手法なのですが、日本は増税などの動きで対応するのでその点は心配です。

　アベノミクスでいろいろな政策をやりました。低金利も実施しましたが、増税をしてしまった。その結果マイナス金利政策も進めざるを得なくなるなど、対策が後手後手に回った印象です。金融政策と財政政策が同じ方向を向いていなかったがために、デフレからの脱却に時間がかかってしまいました。

複利思考で人生を豊かに

ここで「複利」についても書いておきます。複利とは「1万円を投資して1万1,000円になった場合、次はこの1万1,000円を元にして投資する。**利益が利益を生む。投資が長期になればなるほど利益を生みだすもの**」です。アルベルト・アインシュタインの言葉を借りれば「人類最大の発明」です。

このことを若い方向けのセミナーで話しても、いまひとつ共感を得られません。おそらく実感がわかないからでしょう。しかし複利という考え方は金融だけではなく、人生の指針となるものなのです（図4-7 「金融の考え方から生き方を学ぶ」）。

私がこれまで交流した経営者はじつに複利的な考え方をする方々ばかりです。いま目の前にいる相手が自分に対してすぐに利益を生みだす相手ではない。しかし将来的に自分にとって、会社にとってなんらかの利益をもたらしてくれるかもしれない。そうした長期的な視点で人と交流している人が多いのです。実際私がまだ若くて何者でもなかったときから、ていねいな対応をしてくださる経営者の方がたくさんいました。「経営者ともなると、こういう視点で物事を考えているのだな」と感銘を受けたものです。

このような考え方を、私は「**複利思考**」と名づけました。人生、仕事、資産形成……多くの大切な局面で役立つ考え方です。

図4-7　金融の考え方から生き方を学ぶ

❶複利——アインシュタインが「人類最大の発明」と呼ぶ

❷利子が利子を生む。雪だるま式に増える

❸成功者はあらゆる局面で複利思考を活用している

❹金融の考え方は、人生を通して役立つ

04 | 債権、債務とは？

債券は債権に含まれる

　金融には「債券」「債権」というふたつの「さいけん」があります。**「債券」とは国や企業が借金のために発行する有価証券です。「債権」とは他人になんらかの行為を請求できる権利**のこと。「債券」は借りたお金を返すという債務の証明書ですから、広い意味では「債権」の一部です。

　「債務」というのは他人のためになんらかの行為をする義務のことです。コンビニで雑誌を買う。お金を払ったら、コンビニは雑誌を渡す義務があります。この義務が債務です。

　このことを国債で見てみましょう(国債も債券の一種です)。国債の場合、100万円を国に渡したらある程度の期間（5年または10年）が経過してから100万円が返ってきます。その渡している間、毎年利子が支払われます。利子は最初の契約で決められているので、国が破綻しないかぎり経済状況がどれほど悪くても、逆にすごく好況であっても一定です。ですからかなり手堅いイメージです（図4-8 「債券のメリット」）。ただ日本の場合は、それほど利子が良いわけではないのであまり魅力を感じない人もいます。

　同じような仕組みで**「社債」**というものもあります。私企業が発行する債券ですから、社債には倒産のリスクが伴います。国債もどの国のものを買うかによってリスクが変わりますが、社債はそのリスクがもっと高まります。こういったリスクを「信用リスク」といい、民間の調査会社が発表している格付けで一定の判断ができます。

図4-8　債券のメリット

安定した収益性
固定金利の債券であれば、あらかじめ支払われる利子が購入時に決められているため、償還日まで運用した場合の収益額が明確。また、債券は償還日前でも市場で換金できます。債券が値上がりしていれば売却益が得られます。

100万円を利率2%、5年満期の債券で運用した場合の収益イメージ（税金を除く）

安全性
数ある投資商品のなかでも、債券は比較的安全性が高い商品です。債券の発行体が債務不履行に陥らない限り利子や償還金は約束どおり支払われるため、債券の価格が変動した場合でも　償還日まで持っていれば額面どおりの金額で戻ってきます。ただしその確実性は、発行時の条件や格付けなどから判断可能な、発行体の信用度に左右されます。

　一方、リスクはあるものの株の配当よりも社債の利子を返すほうが優先されますので、企業の業績が悪いときでもお金を貰える可能性は高い。つまり投資家（株や債券を購入した人）と企業の関係では、社債を保有している投資家のほうが株式を保有している投資家よりも優先度が高いことになります。

債券のリスク

　債券には信用リスク以外のリスクもあります。まずは価格変動リスク。債券は一定期間で満期となりますが、その前に売ることができます。ただし売却時点では価値が下がっている可能性があります。100万円だった

ものが 90 万円でしか売れない可能性があるのです（逆に値上がりすることもあります）。これを**価格変動リスク**と呼びます。差額で儲けようと考える人もいるのですが、一般の個人投資家が値動きを読むのは至難のワザ。あまり儲けようと考えず、満期まで保有して手堅く運用するのが一番です。

　また債券には円ではなく外貨建てで発行、償還（払い戻し）されるものもあります。その際、為替変動により円にすると元本割れを起こすリスクを含んでいます。これが**為替変動リスク**です。ただ、為替変動リスクを加味しても、アメリカ国債は非常に魅力的です。2024 年 7 月現在、10 年債ですと約 4.25％の利息がつきます。これだけの利回りを株で出すのはとても大変です。さらに国債で比べると、日本は同時期、20 年もので約 1.87％の利回りです。

　アメリカでは社債も非常に高い利回りです。世界的タバコ企業のフィリップ・モリスでは 5.3％となっています。これは株の配当を超えてしまっています。もともと社債は「リターンは大きくないけれど堅実に利益が出る」というものです。その常識を打ち破るような利回りです。これはアメリカに世界のお金が集まっているから起きていると言えます。

　ほかの国に目を向けると、国際復興開発銀行（世界銀行）の南アフリカランド建債券は 10.6％、オランダ開発金融公庫のトルコリラ建債券は 43％と信じられない高い利回りのものもあります。しかしこれは正直なところ、私にもわけがわかりません。かなり危険なものだと思うので、利回りの高さを見て手を出すことはやめておきましょう。

05 購買力平価と金利平価

第4章
金融知識の基礎

為替相場を考える際の理論

「**購買力平価**」とは「**その国で買われているものの値段をベースに、いまの為替はいくらが適正なのか**」という考え方です。およそ100年前から提唱されています。同一の財（モノ）であれば、世界中どこでも同一価格が成立している（一物一価）と仮定し、為替レートがその調節機能として働いていることを証明します。

財の例として日本とアメリカの「時計」について考えてみます。1ドル100円として、日本の時計が1,000円だったとします。対してアメリカの時計は15ドル（1,500円相当）。購買力平価レートは

$$1,000 円 ÷ 15 ドル = 66.67 円$$

日本では1,000円、アメリカなら1,500円ですから、時計を割安の日本から割高な米国へと輸出すれば、1個あたり500円の利益が得られます。このため日本で時計を買い、米国で売る動きが広まります。

この取引（裁定取引＝Arbitrageと呼ばれます）は日本の時計価格の上昇と米国の時計価格の低下をもたらし、両国の価格差がなくなるまで（一物一価が成立するまで）続きます。つまりドルと円のレートは先ほど仮定した「1ドル100円」から「1ドル66.67円（時計価格の差がなくなる均衡地点）」に向かって収束していく。これが購買力平価の大まかな考え方です。

123

もうひとつ、もっとシンプルな例を出します。同じ品質のハンバーガーが日本では 100 円、アメリカでは 1 ドルで売られているとしましょう。同じ価値のモノを日本では 100 円、アメリカでは 1 ドルで買えるのなら、為替レートは「1 ドル＝ 100 円」が適正——これも、購買力平価の考え方です。

　けれど、実際にはそうなりません。指摘されている問題点が 3 つあります。

①本来は関税や物流コストなどを加味する必要がある

②両国の店舗維持コストや人件費を加味する必要がある

③両国の補助金政策などの対象となっているか確認する必要がある

　要するに国によって事情が異なるわけで、一物一価という概念は通用しないというのが最も多い反対意見です。

　適正な為替レートを両国の金利で考える**「金利平価」**という理論もあります。円とドルの関係で言うならば、**日本とアメリカの金利差をベースとして為替レートが決まる**という理論です。「外貨の金利が高ければ、円を売って外貨を買う人が出るから、その分円安になる」というロジックなのですが、これは突き詰めていくと混乱するのでここまでにしておきましょう。

　その上、これらは不完全なものであることは経済学者も認めています。このふたつで何もかもが説明できるというものでもありません。

不完全だけど必要なもの

　たとえば 1 ドル 160 円という相場だったとき、購買力平価で考えると適正な為替相場は 1 ドル 110 円くらいという試算が出ていました。1 ドル 110 円が適正だとしても、日本の緩和政策を考慮すると 130 円、140

円くらいが適正だと補正した予測は立てられるのですが、それでも160円にはなりません。ですから不完全なものではあるのですが、よく使われる理論でもあります。それくらい為替のレートというのは難しいものだと言えます。

日銀の審議員を務めていた方とお話ししたときに**「為替のレートはマーケットが決めていく」**という考え方を示されました。また**「適正な為替相場などない」**と主張される人もいました。これが経済の中枢にいた人の共通認識なのかもしれません。

ただ多くの人にわかりやすくするために、購買力平価、金利平価といった考え方が使われているのです。やはり拠り所となる考え方を人間は欲しがります。「1ドル200円までいったけど、これはどうなの？」「110円くらいが適正ではないのか？」。そういう議論が起こったとき、なんらかの目安が欲しい。そこで購買力平価と金利平価を組み合わせながら考えているのです。

ではなぜ為替相場と購買力平価や金利平価の試算が合致しないかというと、**「マーケットは現在だけを見ているわけではないから」**です。未来を予測しながら相場が決まっていくので、現在の指標だけから判断しても当然そのとおりにはなりません。「アメリカはもっと金利を上げるのではないか？」といった予想も含めて決まっていくからです。

経済系のニュースや雑誌などでよく目にする単語ですから、「きっとこれが正しいのだろう」と思う人もいるかもしれません。しかし「そういう理論もあるのだな」という程度に留めておくのが無難です。マーケットは決して理論どおりに動くものではないのですから。

第5章

実践編

01 資産を増やすにはどうしたらいいの?

「投資信託」「ETF」「REIT」「個別株投資」を中心に考える

　金融の基礎知識をある程度身につけたら、次に自分の資産をどのように作っていくかが気になるのではないでしょうか。これまでも触れてきましたが、基本的に緩やかに資産形成をしていくのが理想的です。決して「割よく儲けてやろう」「一山当ててやろう」などと考えてはいけません。そこで見てほしいのが、107ページに掲載した図「投資のリスクとリターン」です（下に再掲します）。

　基本的には**「投資信託」「ETF」「REIT」「個別株投資」**を中心として資産形成をしていくのがオススメです（一部ゴールド＝金もあり）。投資信託なら、表5-1 「65歳で3,000万円の資産形成　毎月積立額」を参

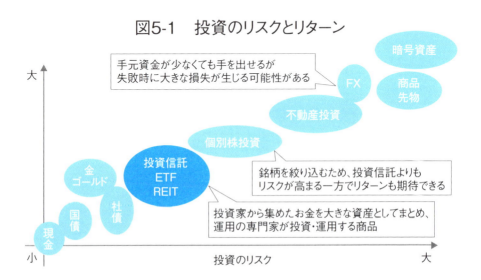

図5-1　投資のリスクとリターン

表5-1　65歳で3,000万円の資産形成 毎月積立額

NISA開始年齢 （運用期間）	利回り 3%	利回り 5%	利回り 7%
20歳（45年）	26,307円	14,804円	7,910円
30歳（35年）	40,455円	26,406円	16,657円
40歳（25年）	67,263円	50,377円	37,034円
50歳（15年）	132,174円	112,238円	94,648円
60歳　（5年）	464,061円	441,137円	419,036円

（楽天証券シミュレーションより作成）

考にしてみてください。

　この表は65歳の時点で老後に必要な資産を作るためには、毎月どれくらい積み立てていけばいいかを示したものです。一般的に老後は2,000万円必要と言われますが、ここでは3,000万円で設定しています。

　学生さん相手のセミナーで「65歳までに3,000万円の資産を作りましょう」と伝えると、「それは無理だろう」という浮かない顔をします。しかし「利回り7％で、毎月8,000円を生活費などとは別に投資しましょう」と言うと、「それならば無理なくできそうだ」と明るい顔になります。

　この表で見た場合、40歳以上だと毎月の積立金がキツイと感じるかもしれません。そうだとすると「65歳」をゴールにするのではなく、ゴールを後ろにずらして「80歳」と考えるのもアリです。

　これとは別に、次に説明する企業年金や個人年金を活用するのもいいでしょう。

企業年金と個人年金

　企業年金や個人年金は、私的年金と呼ばれています。対して国民年金や厚生年金は公的年金という位置づけです。私的年金は資産を増やす意味で

行うものではありません。国の年金制度が破綻するかもしれない可能性があ
りますし、給付額は減っていく。納付期間も延びるかもしれない――
そんな不安を感じる人が、公的年金に上乗せして給付を受けるために利用
する制度です。つまり掛金を納め続けていれば、将来的に年金の手取額が
増えることが期待できるわけです。

　企業年金には「企業型確定拠出年金（DC）」「確定給付企業年金（DB）」「厚
生年金基金」があります。後述するように、企業年金にはデメリットがあ
りません。企業がやってくれるのであれば、ぜひ取り組みましょう。

　個人年金には、第3章の最後で説明した「個人型確定拠出年金（iDeCo）」
や、「国民年金基金」「個人年金保険」があります。

　このうち企業年金のDCとDB、個人年金のiDeCoについて特徴を見
てみます。

　DC、すなわち企業型確定拠出年金の加入対象者は実施企業に勤める従
業員です。掛金は原則的に事業主が負担します（加入者が出すマッチング

表5-2　企業型確定拠出年金（DC）の掛金限度額

		2022年10月1日～	2024年12月1日～
	1: 国民年金 第1号被保険者	月額 6万8,000円	月額 6万8,000円
国民年金第2号被保険者	2:会社員 （企業年金なし）	月額 2万3,000円	月額 2万3,000円
	3: 会社員 （企業型DCのみ）	月額 5万5,000円 各月の企業型DCの事業主掛金 （ただし、月額2万円が上限）	月額 5万5,000円 各月の企業型DCの事業主掛金 +DB等の他制度掛金相当額 （ただし、月額2万円が上限）
	4: 会社員 （企業型DC+DB）	月額 2万7,500円 各月の企業型DCの事業主掛金 （ただし、月額1万2,000円が上限）	
	5:会社員 （DBのみ）	月額 1万2,000円	
	6:公務員	月額 1万2,000円	
	7: 国民年金 第3号被保険者	月額 2万3,000円	月額 2万3,000円

拠出制度というものもあります）。拠出額と運用益の合計によって、将来の給付額が決まります（表5-2「企業型確定拠出年金（DC）の掛金限度額」）。

DB＝確定給付企業年金も、実施企業に勤める従業員が加入対象者。従業員の同意があれば掛金の2分の1を上限として本人負担となる場合もあ

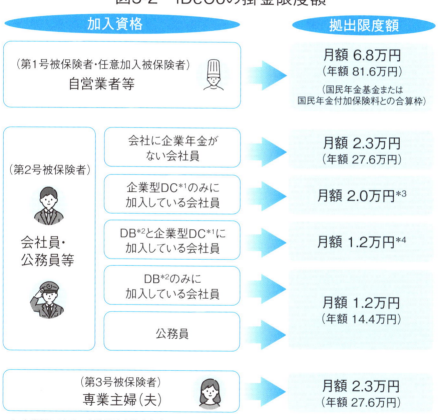

図5-2　iDeCoの掛金限度額

＊1：企業型DCとは、企業型確定拠出年金のことをいう。
＊2：DBとは、確定給付企業年金(DB)、厚生年金基金、石炭鉱業年金基金、私立学校教職員共済をいう。
＊3：企業型確定拠出年金（企業型DC）のみに加入する場合
　　 月額5.5万円－各月の企業型DCの事業主掛金額（ただし、月額2万円を上限）
＊4：企業型DCとDB等の他制度に加入する場合
　　 月額2.75万円－各月の企業型DCの事業主掛金額（ただし、月額1.2万円を上限）

出典:iDeCo公式サイト
https://www.ideco-koushiki.jp/guide/structure.html

りますが、原則としては事業主が負担し、運用リスクも事業主が負います。DCが拠出額と運用益の合計から給付額が決定されるのに対し、DBは給付額があらかじめ決定している制度です。

iDeCo＝個人型確定拠出年金の加入対象は個人です（前ページ図5-2「iDeCoの掛金限度額」）。加入の申し込みや掛金の拠出、運用をすべて個人で行います。利用者の置かれた状況によって拠出限度額（掛金の上限）が細かく定められていますので、金融機関の窓口やファイナンシャルプランナーに相談することをオススメします（繰り返しで恐縮ですが、iDeCoについては第3章の最後でも説明しています）。

これら私的年金の拠出額は、所得税から控除される税制優遇があります。給付額に関しても非課税です。優遇はかなりされているのですが、金額がそれほど大きくないという特徴があります。

新NISAも活用しよう

もうひとつぜひ活用したいのが、新NISAです。通常の証券口座の場合、10万円の利益が出たら税金を引かれて手元に残るのは8万円ほど。しかし新NISAは非課税なので、10万円が丸々手に入ります。

しかも、これまでのNISAだと非課税額はつみたてNISAが最大800万円。一般NISAが最大600万円。それに対して新NISAは1,800万円です。非課税保有期間はつみたてNISA 20年、一般NISAは5年だったのが、無期限に変更されています。

また年間投資枠もつみたてNISA 40万円、一般NISA120万円だったのに対し、新NISAではつみたて投資枠120万円、成長投資枠240万円と増えています。

つまりものすごく優遇された制度になっているということです。これま

での日本ではどちらかというと「あるところからお金を取る」政策がほとんどでした。しかし新NISAに関しては、利益が1万円だろうが100万円だろうが非課税です。かなり思い切った制度だと思います。

　所得税で考えればわかると思いますが、収入が増えれば増えるほど税率は高くなります。収入が195万円以下だと5％。195万円を超え330万円以下だと10％。330万円を超え695万円以下だと20％。695万円を超え900万円以下だと23％。900万円を超え1,800万円以下は33％。1,800万円を超え4,000万円以下では40％。4,000万円を超えると45％。最大45％も税金を納めないといけません。これには「アメリカほどの貧富の差を作りたくない」という政府の思惑が垣間見えます。

　それが新NISAでは非課税ということですから、かなり特殊な制度であることは理解できるのではないでしょうか。ただ裏を返せば「それぞれの資産形成、生活にかかるお金は自分でなんとかしなさい」と言われているのと同じです。これからの日本、資産形成が重要なファクターであることは間違いありません。

02 どんなニュースに気をつけていればいいの?

政治抜きに経済や金融は考えられない

経済の動きを見るにあたり、GDPや日銀短観などが大切な指標であることは第2章で書きました。それ以外にどのような報道を気に留めておくべきかをあげておきます。

自分たちとは遠い世界の話に思えるかもしれませんが、やはり**「政治」には敏感になるべき**です。これは**「どういう思想を持つ人が政権の中枢にいるか」**に注目するということです。

日本国内で言うと、増税策を進めていくタイプなのか、それとも低金利を維持しつつ増税を見合わせるタイプなのか。日本経済はアメリカに強い影響を受けるので、アメリカ政権がどのような考えを持っているかも見ないといけません。

次の大統領選でトランプ氏が当選したら、製造業の輸出を考えてもっと円高になるような政策が予想されます。

トランプ政策の"ちぐはぐさ" 翻弄続く可能性

2024年7月時点では、トランプ氏の大統領就任を見据えた動きが金融市場で始まっています。トランプ氏のメッセージを「大局観」と「小項目」

で分けて見ると、着地はまるで真逆になります。そのためしばらく混乱は続くことでしょう。

「大メッセージ」はインフレで傷ついたアメリカを立て直し、格差から生まれた分断を解消する。そのために、自国第一主義、利下げ、減税を打ち出す予測が立ちます。

しかし個別具体の政策は、インフレ加速懸念を払拭できません。不法移民排除は人件費高騰、対中関税引き上げ、減税はアメリカ国内のインフレ圧力を高める。このちぐはぐさこそが、これからアメリカが内包するリスクだとも言えるでしょう。

こうして、アメリカは歴史的にインフレに怯え続けています。日本はインフレに怯えるどころか、アメリカ初の景気後退が現実のものとなれば、デフレからの脱却など夢に散ってしまいます。

いずれにしても、2024年の大統領選で誰がアメリカ大統領になるかで、世界情勢に大きな影響を及ぼします。

日本もアメリカも、どうやって経済を回していこうとトップが考えているのか。一見、経済とは関係がないと感じるニュースであっても、回り回って経済政策に影響を与えます。ジャネット・イエレン財務長官がアメリカ国内に工場を移していく動きを見せました。前に書いた日本国内に半導体の工場を誘致する動きは、イエレン氏の政策を真似しています。需要と供給の供給側をアップさせようという政策です。

これを念頭に置けば、アメリカが国内に工場を誘致しているというニュースを知ったときに「アメリカの話だから関係ない」とは感じないはずです。「日本もこの流れに追随しそうだな。工場が誘致された地方の経済は活発化しそうだ」という感想になるでしょう。

工場誘致に関して補足すると、アメリカ、日本、台湾で半導体を作っていこうという考えです。しかしトランプ氏は、「そもそもアメリカから半導体の主権を奪ったのは台湾だ」という趣旨の発言をしています。日本が

第5章

実践編

工場誘致に補助金1兆円を使っているのもアメリカの後押しがあるからできています。もしトランプ氏が再選した場合、「半導体はアメリカが中心になって作っていく。日本も台湾も考えない」となって、根底から覆される可能性があるのです。ですからアメリカの大統領選も「誰がなっても一緒でしょう。日本人には関係ない」とはなりません。

　この本では経済や金融の基礎知識であるとか、考え方、理論を取り上げてきました。それらは長年の知見から提唱されていることなので間違っていません。しかしその大枠となるところに政治があります。決して**政治を無視して経済や金融を考えることはできません**。政治があって、地政学があって、国がある。それらが経済に影響を与えるのは当然のことです。

　日々の仕事や生活に追われている国民の多くは、どうしても目先のことを考えがちです。たとえば助成金が廃止されただとか子育て支援が減るとなったら、「これでは生活に困る」と批判的になります。しかしそうした目先の視点ではなく、「なぜこの補助金がなくなるのか。これにはどういう意味があるのか」「この動きが出たということは、今後この国はどういう方向に動いていくのか」といった、長期的視点で考えていかなければなりません。この意味では、資産形成も同じ。目先ではなく、将来がどうなのかを常に頭に置いて、長期的かつ緩やかに進める必要があるのです。

政権与党の動きを見てみよう

　ニュース以外で見ておきたいのは、自民党のホームページに掲載されている『今日の自民党』という記事です。「今週どのような会議が行われるか」といった自民党の動きが掲載されています。

　これを見ると「政権はいまどのようなことに取り組んでいるのか」「どういったことに興味があるのか」「いまだにこんなことをやっているのか」

など、いろいろなことが見えてきます。そういう活動が行われた結果として政策方針が発表されますので、「どうやら次の動きとして、こういう政策をやりそうだな」という予測がある程度立ちます。

　ここに掲載されていることが、すべて政策として反映されるわけではありません。しかし「こうした動きを政権与党が取っている」という情報を知っておくと、経済にどのような影響を与えるのかが見えてきます。

03 老後2,000万円が必要と聞いたのだけど

定額か定率かで取り崩しを決める

　老後2,000万円問題が取り上げられるようになってずいぶん経ちました。「65歳から30年生活するのに2,000万円が必要」と言われている問題ですが、129ページの試算で私は65歳で3,000万円に設定しました。その理由として、現在は2,000万円が必要とされているけれど、**10年後、20年後に2,000万円が2,000万円の価値ではなくなっている可能性がある**からです。極端な例ですが、日本経済がジンバブエのハイパーインフレの状態になれば、2,000万円は紙切れ同然です。それは言い過ぎとしても、これから経済が復調していってインフレが進んだ場合、3,000万円はないと厳しいのではないかと予想して、この金額に設定しました。

　日本人の平均寿命は2022年時点で男性81.05歳、女性87.09歳です。やや大雑把な言い方ですが、65歳から30年という試算はおおむね正しいかもしれません。しかし医学が進歩して、これが大幅に伸びる可能性があります。平均寿命が100歳を超えてきたら、95歳までの試算では足りなくなります。それも加味して3,000万円という設定です。

　老後2,000万円問題は「最低限の生活を送るだけの年金をもらっても、なお2,000万円足りない」ということです。贅沢な生活を送らなくても、老後資金は年金だけでは不十分ということです（月に5万円不足すると金融庁は試算しています）。

　「退職金で3,000万円もらえたら、投資はしなくても大丈夫だ」と考える人もいるかもしれません。しかしこの3,000万円を貯金しておいて、

図5-3　貯金を取り崩した場合と運用した場合のシミュレーション

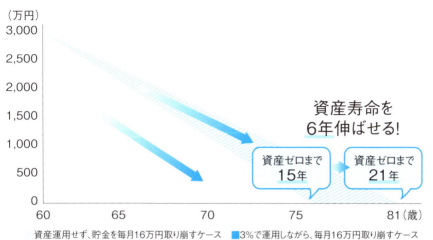

　取り崩しながら生活をしていく場合、毎月16万円取り崩していくと15年でなくなってしまいます。しかし3％の利回りでこの3,000万円を運用しながら毎月16万円を取り崩していくのであれば、21年間保つことができます（図5-3「貯金を取り崩した場合と運用した場合のシミュレーション」）。

　先ほど65歳時点で3,000万円という表を出しましたが、それで終わりというわけではなくその3,000万円を元手に運用をし続けていきましょうという話なのです。先ほどの表にあるような3～7％の利回りでリスクを抑えて運用していく。それによって老後の不安がかなり解消されます。

　また取り崩す額を「総資産の何％」と固定する、定率取り崩しという考え方もあります。たとえば月に16万円取り崩すという定額での考えではなく、総資産の6％ずつを年に取り崩していく手法です。

　資産が80歳時点で2,000万円あったとします。毎月8万円ずつ取り崩していくと、100歳時点で残額が660万円。しかし年に6％取り崩すというやり方であれば、年ごとに取り崩す額が減っていきますので、100

歳時点で残額が937万円になります。

　ただしこれは生活水準も変えないといけません。「生活は維持しながら暮らしていきたい」と考えるのか。「多少水準を落としても安心して生活したい」と考えるのか。これは個々人の考えでいいと思います。どちらが正解というわけではありませんが、**100歳時点で300万円近い差が出る**ことは把握しておきましょう。

04 いくらくらい投資に使ったらいい?

第5章

実践編

若く始めるほど無理なく運用できる

　資産を増やそうとするあまり、現在の家計が苦しくなってしまうと本末転倒です。ではどれくらい資産運用に回せばいいのか？　と疑問を持つ人もいるでしょう。

　一般的には「収入の10%」と言われています。しかし129ページに掲載した表5-1「65歳で3,000万円の資産形成　毎月積立額」（改めて下に掲載します）にもあるように、収入の10%には収まらないケースも十分想定されます。

　たとえば30歳を見た場合、利回り7%であれば月に16,657円。これが10%だとすると月収は16万6,570円ですから、これくらいの収入はあるでしょう。厚生労働省の「令和5年賃金構造基本統計調査の概況」によれば、30代前半正社員・正職員男性の月々の賃金は30万7,000円、女性は27万200円となっていますから余裕があります。しかし利回り

表5-1　65歳で3,000万円の資産形成 毎月積立額

NISA開始年齢 （運用期間）	利回り 3%	利回り 5%	利回り 7%
20歳（45年）	26,307円	14,804円	7,910円
30歳（35年）	40,455円	26,406円	16,657円
40歳（25年）	67,263円	50,377円	37,034円
50歳（15年）	132,174円	112,238円	94,648円
60歳 （5年）	464,061円	441,137円	419,036円

（楽天証券シミュレーションより作成）

3％の場合、4万455円を投資に回さないといけませんから、月収の10％というわけにはいきません。

　利回りが低い場合、「月にこれだけ投資する」と定額を決めてしまうほうがいいと思います。なかには収入の30％がよいとする説もあるのですが、男性の平均月収約30万円から9万円を投資に回すというのは、なかなかできないでしょう。

　しかし20％であれば、そこまで無理なく投資できるでしょうから、月収の20％を投資に回すという考えでもいいと思います。そこは3％の利回りで運用するのか、それとも5％なのか7％なのかということも考えながら、無理なく運用できる範囲にするのが現実的です。

　考えていただきたいのは、スタート時点の年齢が若いほど無理なく運用できる点。60歳時点からスタートすると、月に40万円以上を運用に回さないといけません。非現実的です。ですからこの表でもあくまでも「参考程度」になってしまいます。

　しかし20〜40歳あたりの数字を見ると、無理のない範囲に収まっているように思えます。もちろん各自の収入によるでしょうけれど、いずれにしてもなるべく早い段階で資産運用をスタートする。それによって生活水準を落とさずに無理がない運用ができることを覚えておきましょう。

05 | 貯金はすべきか?

第5章

実践編

現金はある程度保有すべき

　昭和の時代には、「１億円あったら金融機関に預けて利息だけで一生暮らしていける」と言われていました。しかし現在の利息ではとても無理です。生活するどころか、ほとんど増えることはありません。

　ですから現状は、金融機関は金庫がわりに使うという考え方でいいと思います。**余剰資金をすべて投資に使うのは危険**ですから、多少は現金を保有しておきたい。その保有分を預けておく感覚です。

　事故、怪我、病気、冠婚葬祭でのご祝儀やお香典など急な出費はどうしても発生します。そうした場合に現金をまったく持っていないのは心もとない。たとえば毎月３万円を貯金に回すと決めて、ある程度貯まったらそのなかからいくらかを投資に回すという考えで、流動的に運用していくのもいいでしょう。

　また金融機関はメインバンクを決めて、その口座で給料の振込やローン、公共料金の引き落としなどすべて賄うのもオススメです。なぜなら振込や送金をする手間が省けますし、ポイントがつく、時間外手数料が無料になるなどの優遇を受けられるからです。給料のデジタル払い（電子マネーやスマートフォンの決済アプリを利用して支払う制度）を選択してポイントを上手に貯めている人もいます。

　デジタル払いはずいぶん推進されていますが、**自分がどういった経済圏で生活しているのかを考えなければなりません**。PayPay などのデジタル払いがかなり広がっているとは言え、場所によっては使える店舗が少ない

143

こともあります。自分の生活圏にPayPayを使える店がまったくないのに、ポイント目当てでデジタル払いを選択しても意味がありません。日常生活を頭に描きながら、どのような金融機関を使うのかを考えるといいでしょう。

ローンはもうひとつの財布

次にローンについて少し説明しておきます。現在金利が低いことも相まって、ローン（特に住宅ローン）が組みやすくなっています。ではどのように利用すべきかということになりますが、これは自分のバランスシートを考えて利用するのが最適解です（図5-4 「自分をバランスシート（貸借対照表）で考える」）。

個人の場合、企業と違って誰かから投資してもらったお金で資産を増やしていくことはできません。自分の給料から貯金や投資をする。それが純資産となります。そして自己研鑽に費やした分や投資で使ったお金は負債

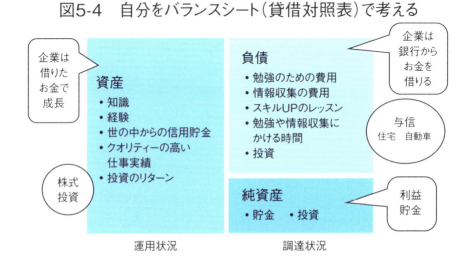

となります。

　それとは別に「与信」というものがあります。これは商品を先に渡して、代金を後から回収する。まさにローンのことです。代金を回収するまで「信用を与える」。だから与信と言われます。

　ローンを組んだことがある人ならばわかると思いますが、収入証明書など「この人ならばきちんと支払いができる」と相手に信用されるための書類が必要とされます。**その人の信用がお金になる**のです。

　あまりこういう発想をする人はいないかもしれませんが、私たちにはふたつの財布があるのです。ひとつは給料。投資などはこのなかからやるしかありません。もうひとつの財布がローン。信用を元に出してもらえるお金です。自分の信用が財布になります（正社員の人は特に）。自分が世の中に存在して労働していること。それだけで価値があるのです。

　特にいまの日本は金利がとても低い。これから上がっていく可能性はありますが、ローンを組むチャンスが巡ってきていると言えます。

住宅ローンの金利

　住宅ローンのように何十年にもわたって支払い続けるローンの場合、金利を固定にするか変動にするかを選択できます。

　固定金利には「全期間固定金利型」と「固定金利期間選択型」があります。読んで字のごとくですが、ずっと固定された金利で支払いを続けるのか、期間を区切って満了後に改めて固定か変動かどちらかの金利を選ぶかの違いがあります。どんなに金利が上昇しても固定金利の期間中は毎月の支払額が同じなので、家計の管理がしやすくなるメリットがあります。

　いっぽう変動金利はある程度の期間で金利が見直されます（半年ごとに見直す住宅ローンが増えています）。ただ金利が変動したとしても、5年

表5-3　3,500万円の家 35年ローン（新規で固定の場合）

金利	返済総額	利払い	月々の支払い
1.85% （2024年）	4,758万円	1,258万円	11万4,000円
2.00%	4,870万円 （112万円増）	1,370万円	11万6,000円 （2,000円増）
2.25%	5,061万円 （303万円増）	1,561万円	12万1,000円 （7,000円増）
2.50%	5,256万円 （498万円増）	1,756万円	12万6,000円 （1万2,000円増）

表5-4　3,500万円の家 35年ローン（新規で変動の場合）

金利	返済総額	利払い	月々の支払い
0.4% （2024年ゼロ金利時代）	3,752万円	252万円	9万円
0.5%	3,816万円 （64万円増）	316万円	9万1,000円 （1,000円増）
0.8%	4,014万円 （262万円増）	514万円	9万6,000円 （6,000円増）
1.0%	4,150万円 （398万円増）	650万円	9万9,000円 （9,000円増）

間は支払額が変わらないものが一般的です。

　現在の金利が低いため、約7割の人が変動金利を選択しています。金利の低さ、そしていつでも固定金利に変更できるという2点が変動金利のメリットです。金利上昇によるリスクはありますが、私は変動金利をオススメします。

　固定金利、変動金利で35年間3,500万円払うシミュレーションが表5-3「3,500万円の家 35年ローン（新規で固定の場合）」と、表5-4「3,500万円の家 35年ローン（新規で変動の場合）」です。　2024年時点で変動金利は0.4%で支払い総額が3,752万円。月々9万円の支払いです。万が一金利が1.0%まで上がっても月の支払いは9万9,000円です。固定金利は変動金利よりも高めに設定されるので、2024年時点で支払い

総額が 4,758 万円。月の支払いは 11 万 4,000 円です。こうやって比較すると、金利が多少上がったとしても変動金利のほうが有利だということがわかるでしょう。

プラスして住宅ローン減税という優遇制度があります。国土交通省のホームページの文言を引用すると「住宅ローンを借り入れて住宅の新築・取得又は増改築等をした場合、年末のローン残高の 0.7％を所得税（一部、翌年の住民税）から最大 13 年間控除する制度」ということになります。

残高の 0.7％なので、残高が多ければ多いほど減税される額が大きくなります。この制度を有効活用するために、最近は頭金をあまり入れずローン残高を多いままにしておく払い方を選択する人が増えています。昭和の時代は頭金をある程度入れて、定年時に退職金で残りのローンを一括返済するというパターンが多かったのに対し、令和の現在は税の優遇制度により支払い方が変わってきているのです。

06 馬渕がチェックしている項目

多角的に、フラットな目線で情報に接する

　最後に、私が日々どういう情報をチェックしているかをご紹介します。

　まず起床したら日本経済新聞を読み、テレビ東京『News モーニングサテライト』、BS テレ東『日経モーニングプラス』、NHK プラスでアーカイブ確認します。特に若い人と話しているとこれらの番組を知らない人ばかりで、「すごく有益な番組だからぜひ観てほしい」とススメています。

　それから株式市況や経済を取り扱うインターネットテレビ（東京メトロポリタンテレビジョンや三重テレビ、サンテレビジョンなどでも放送されています）の『STOCKVOICE』。朝 8 時 30 分〜 17 時まで東京証券取引所から生放送している株の番組です。そちらも空いた時間でチェックしています。東京証券取引所から生中継されているのですが、私はもともと株の人間なので非常に役立つ情報が満載です。

　夜は BS フジ『LIVE プライムニュース』で政治を押さえて、テレビ東京『ワールドビジネスサテライト』、BS テレ東『NIKKEI NEWS NEXT』を確認します。そして、自身はレギュラー番組のフジテレビの報道番組『Live News α』に週に 1 〜 2 回出演します。

　こうしたメディアで経済情報をチェックしつつ、NHK ニュース、読売新聞、朝日新聞などのニュースにも接して政治や世の中の動向を確認しています。メディアごとに報道の偏りはあるので、傾倒しないようフラットな目線で見るために複数のメディアをチェックしています。

　投資をしたいなら、経済や金融を勉強したいなら、ただ経済系のニュー

スや情報を追っていればいいわけではありません。世の中がどういう流れになっていて、どのような動きが出てきそうなのか。政治はどの方向に向かっているのか——これらを把握しないと経済や金融の動向を正確に理解できませんし、当然ながら精度の高い未来予測はできません。

　みなさんにも多角的な情報を入手して「これはどういうことだろう？」「これからどういうことが起こりそうだ」という自分なりの考えや意見をぜひまとめてほしいと思います。

第5章

実践編

おわりに

　長く続いたデフレもようやく終わりが見え始め、徐々にインフレ傾向となっている日本経済。そのような状況で、国は国民に対して「自分の資産は自分の手で守り、増やす時代だよ」と言っているような政策が出てきています。その一例が本書でも取り上げた新NISAです。

　老後に必要な資金は自分で作る。その例として各金融商品のリスクとリターンをまとめた図を128ページに載せました。本書を読んで「自分で資産形成をしていこう」と考えた人には、何度でもあの図を見返してほしいと思います。

　そして同じように、その次のページにある「65歳で3,000万円の資産形成　毎月積立額」という表もじっくり見てください。あの表で利回りを最高でも7％に設定しているのは、それが最適な範囲内に入っている利回りだからです。逆に言うと、それ以上の高い利回りを謳う商品は危険だということ。詐欺とまでは言いませんが、かなりリスクを孕んだ商品だと言えます。

　高いリターンは期待できるけれど、リスクが低いという金融商品はまずあり得ません。高いリターンには大きなリスクがあります。そこを理解していれば、一見良さそうに見える商品に目が眩むことはありません。

　また日本国内のことだけではなくアメリカ経済や中国や中東、ロシア情勢など地政学的リスクも頭に入れておかなければなりません。つまりいろいろな情報を多角的に見る必要があるのです。

　だからみなさんには「なぜ政府はこういう政策を進めるのだろう？」「どうしてこの国にアメリカが介入するのだろう」などと、興味を持ち疑問に思ったことを調べながら日々のニュースを観てほしいのです。自分の身は

自分で守るしかありません。そのために資産形成をしていくべきですし、それをうまく進めるために、いろいろな情報にアンテナを張っておく必要があります。

この本ではそういうものの考え方についても触れてきましたが、それこそが金融知識以上に必要と言えるかもしれません。この本で得た知識を活用して、ぜひ将来のために資産形成を実践していただけたら嬉しく思います。この広い広い世界で「どう遊ぶ」かは自由。思いっきり羽ばたいて、生きぬいてください。

2024 年 9 月

馬渕 磨理子

■著者略歴

Mabuchi　Mariko

馬渕 磨理子

一般社団法人日本金融経済研究所 代表理事／大阪公立大学 客員准教授

京都大学公共政策大学院 修士課程を修了。トレーダーとして法人の資産運用を担う。その後、金融メディアのシニアアナリスト、FUNDINNO で日本初の ECF アナリストとして政策提言にかかわる。現在は、日本金融経済研究所 代表理事として企業価値向上をテーマに大学と共同研究を行っている。

著書に『黒字転換2倍株で勝つ投資術』(ダイヤモンド社)、『収入10倍アップ高速勉強法』『収入10倍アップ超速仕事術』（共に PHP 研究所）『ニッポン経済の問題を消費者目線で考えてみた』（共著 フォレスト出版）他

テレビ『Live News α』（フジテレビ）、『ウェークアップ』（読売テレビ）、ラジオ『馬渕・渡辺の＃ビジトピ』（Tokyo FM）のレギュラー番組含めメディア出演・掲載多数。

＊ YouTube　馬渕磨理子の株式クラブ
　　https://www.youtube.com/channel/UCXhiUvJK_0uyLY1YvaSa0AQ

馬渕磨理子の金融・経済ノート

2024 年 9 月 12 日　　第 1 版 第 1 刷
2024 年11月 18 日　　　　　第 5 刷

著　　　者	馬渕 磨理子	
発　行　人	高坂 俊之	
発　行　所	株式会社東急エージェンシー	
	〒 105-0003　東京都港区西新橋 1-1-1　日比谷フォートタワー	
	TEL　03-6811-2402	
	https://www.tokyu-agc.co.jp/business/publish_books.html	
プロデュース	山下 昭一	
編集協力・制作	有限会社 羅針盤	
カバーデザイン	株式会社アンカー	
レイアウト	森山 漸	
印刷・製本	精文堂印刷株式会社	

©Mabuchi Mariko　2024　Printed in Japan
ISBN　978-4-88497-139-7　C0033

本書の内容の全部または一部を複写・複製・転載することは禁止されております。
落丁、乱丁本については小社までご連絡ください。